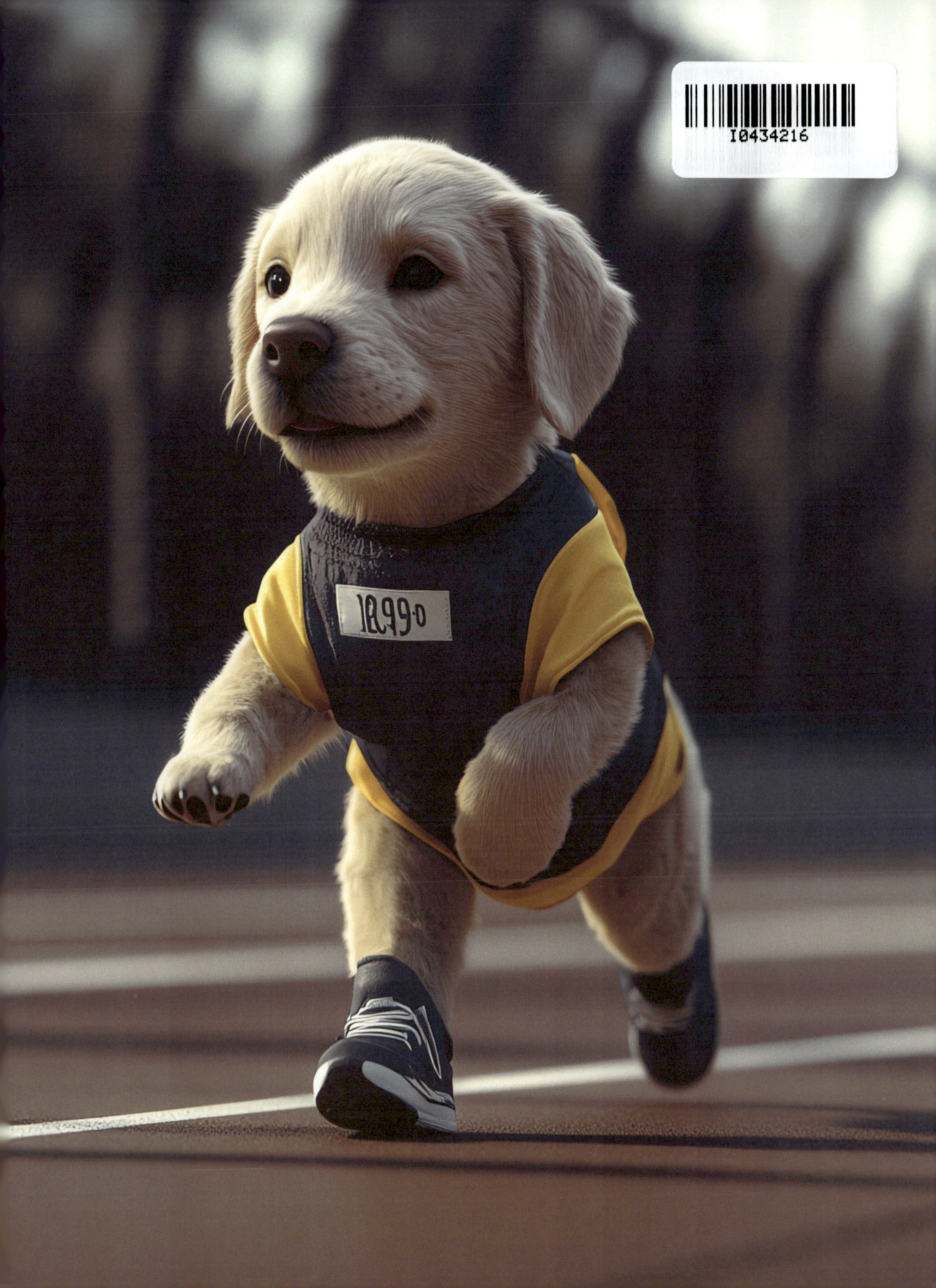

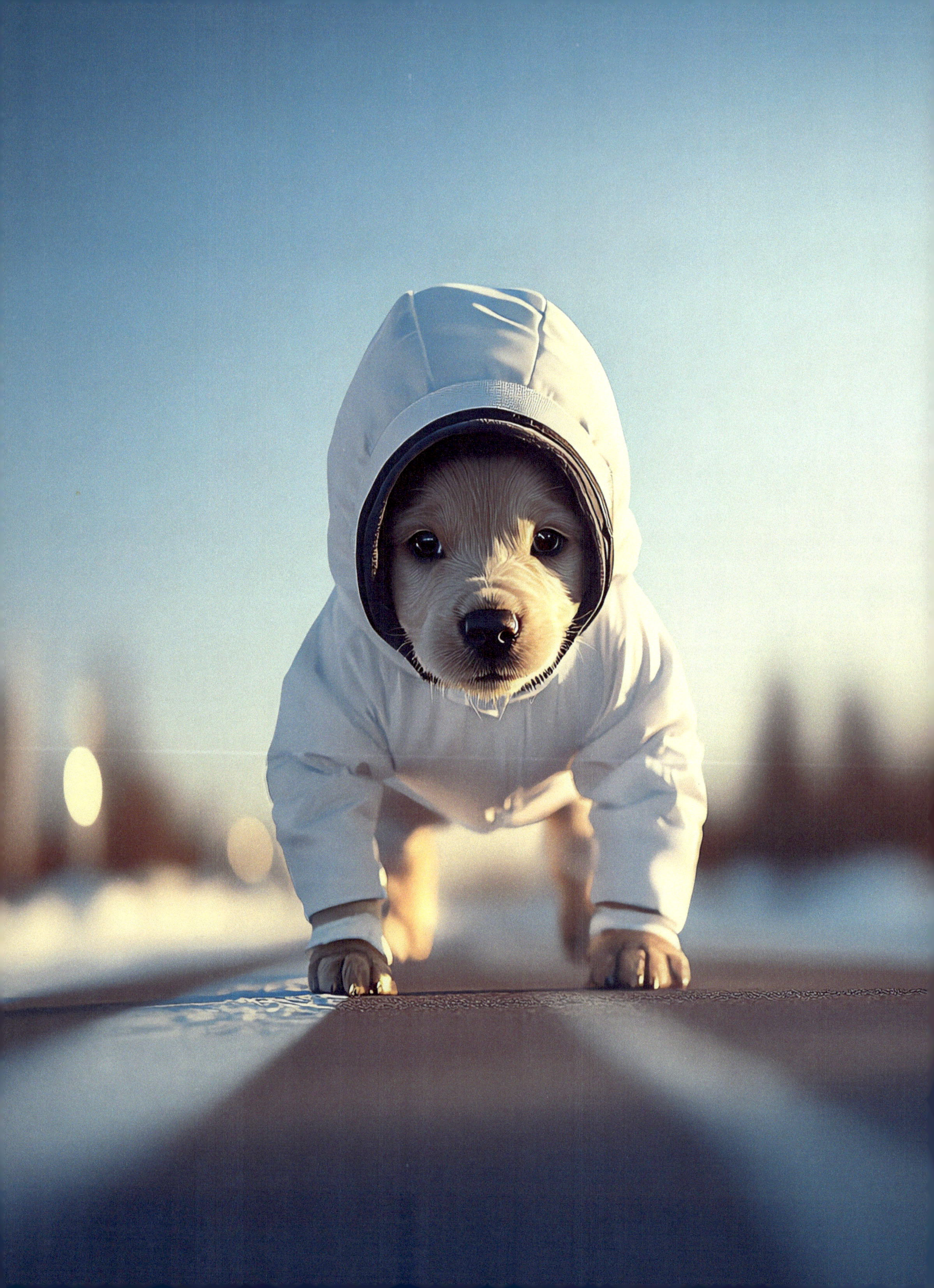

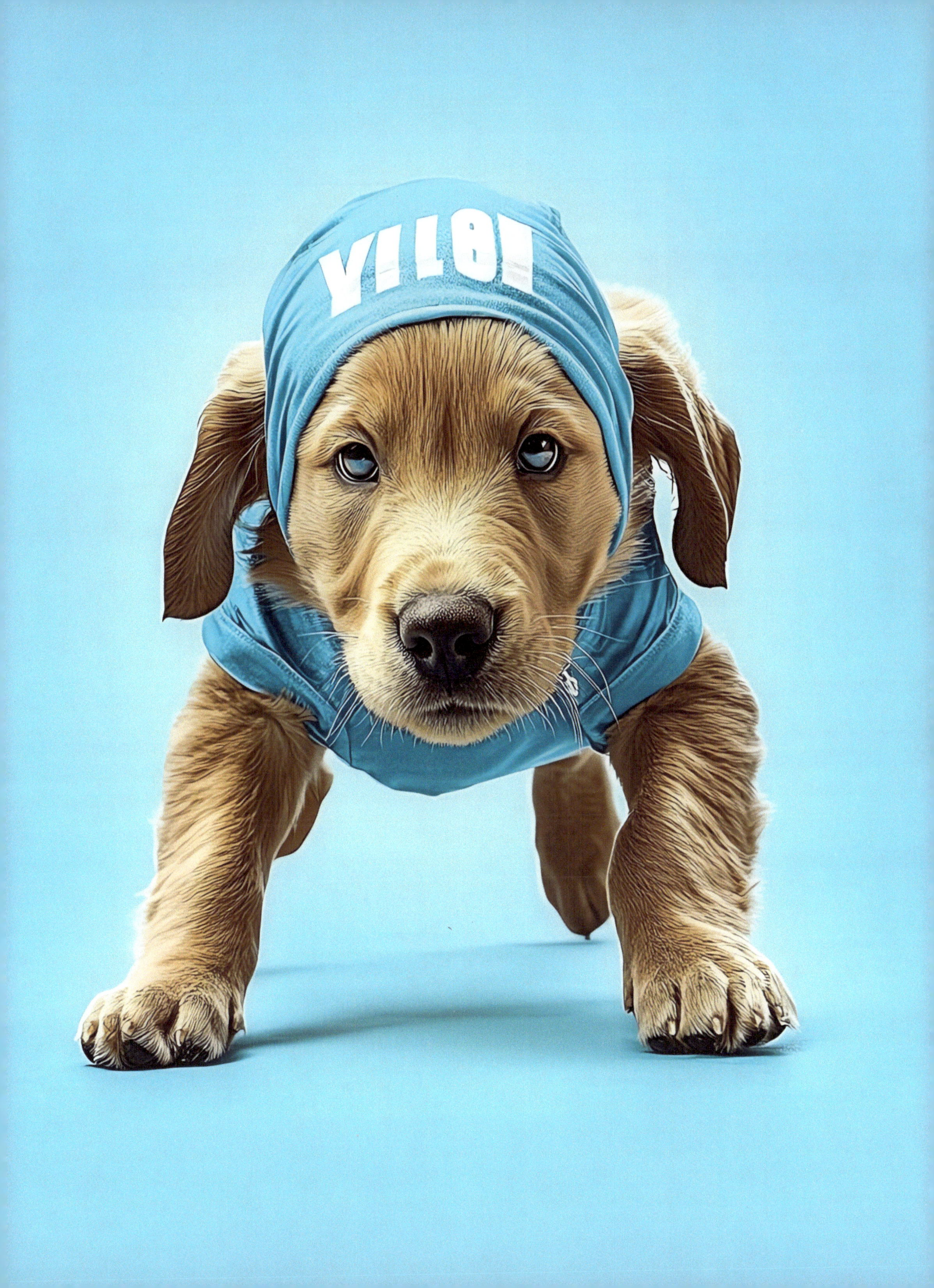

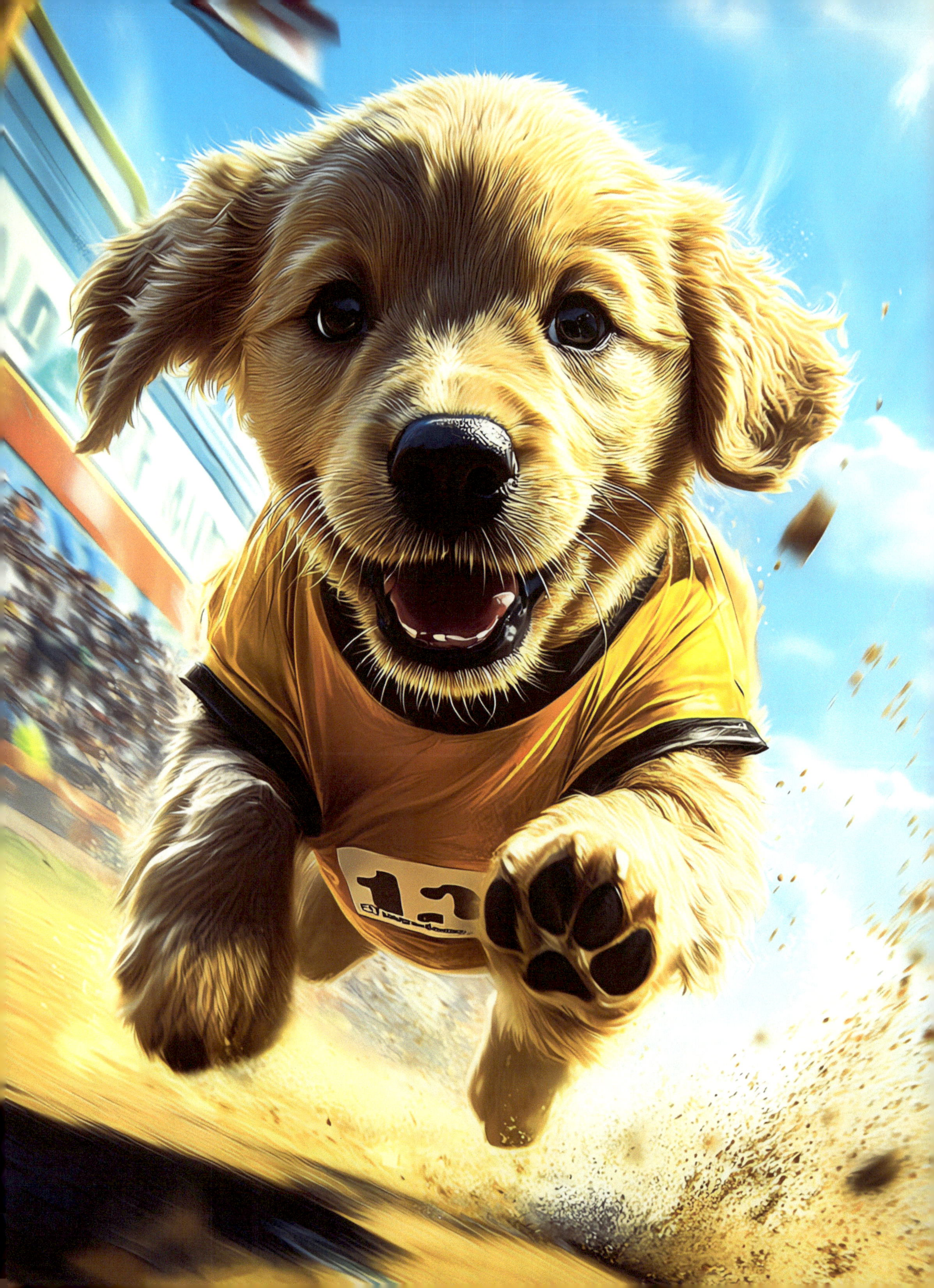

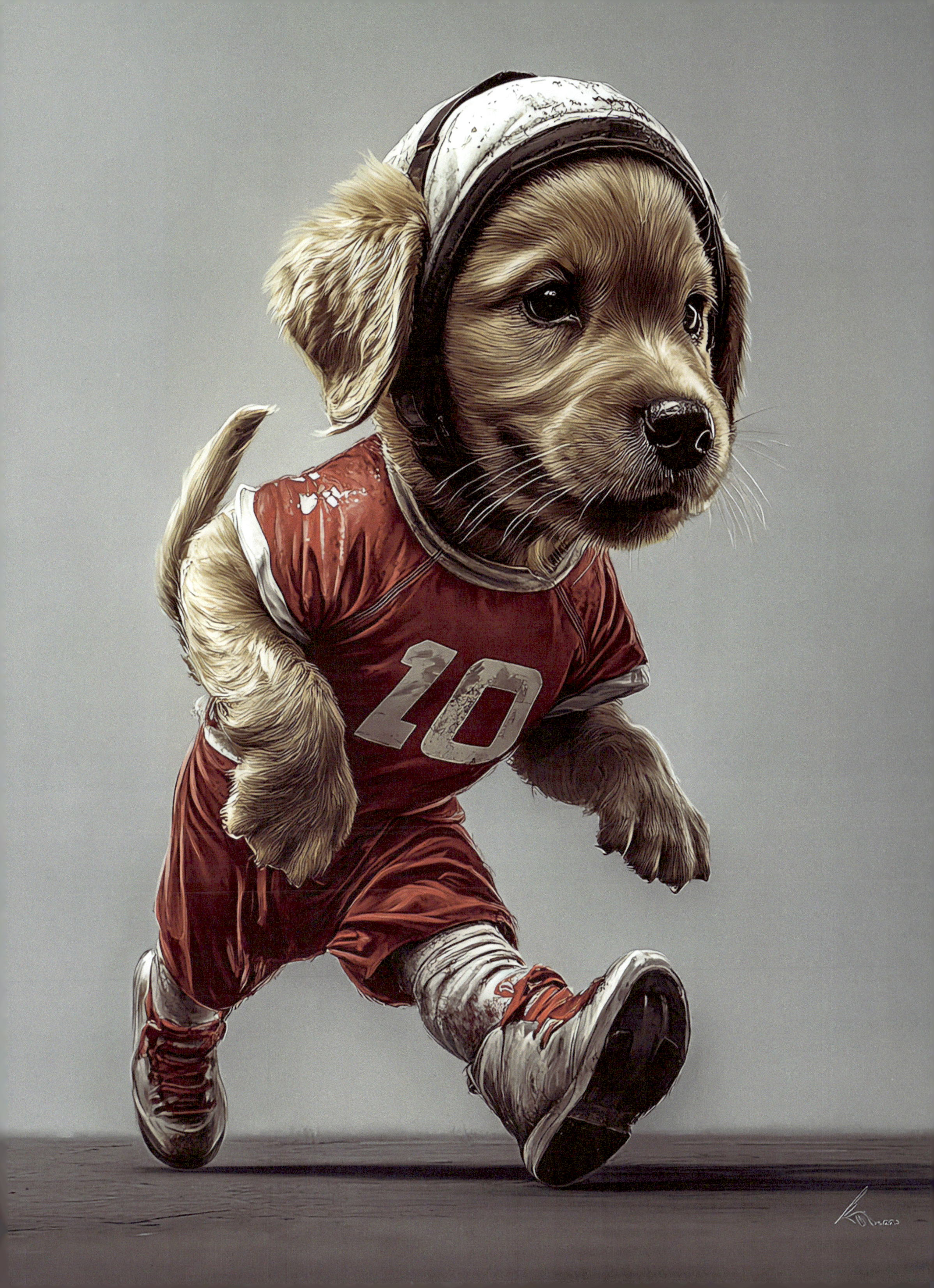

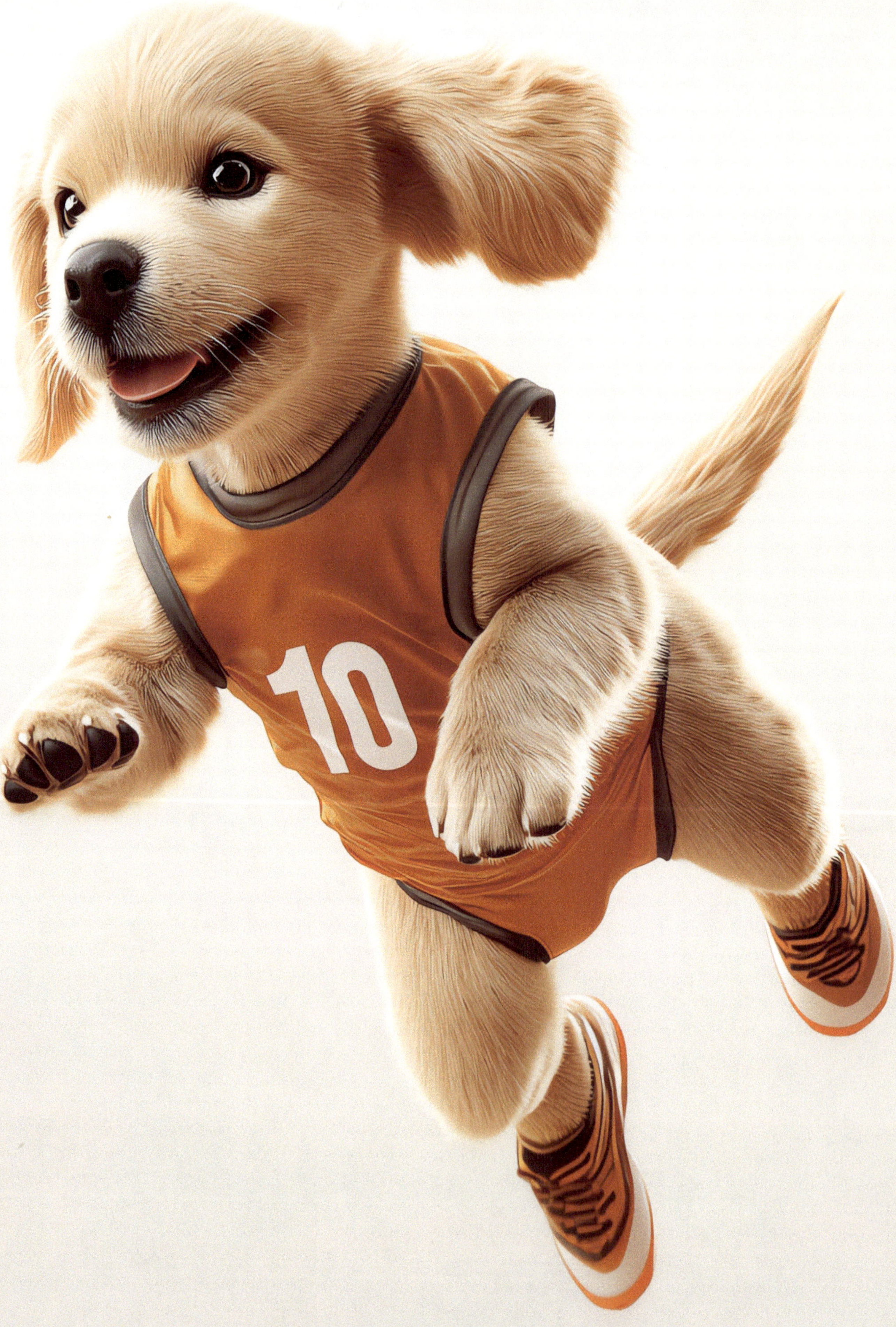
10

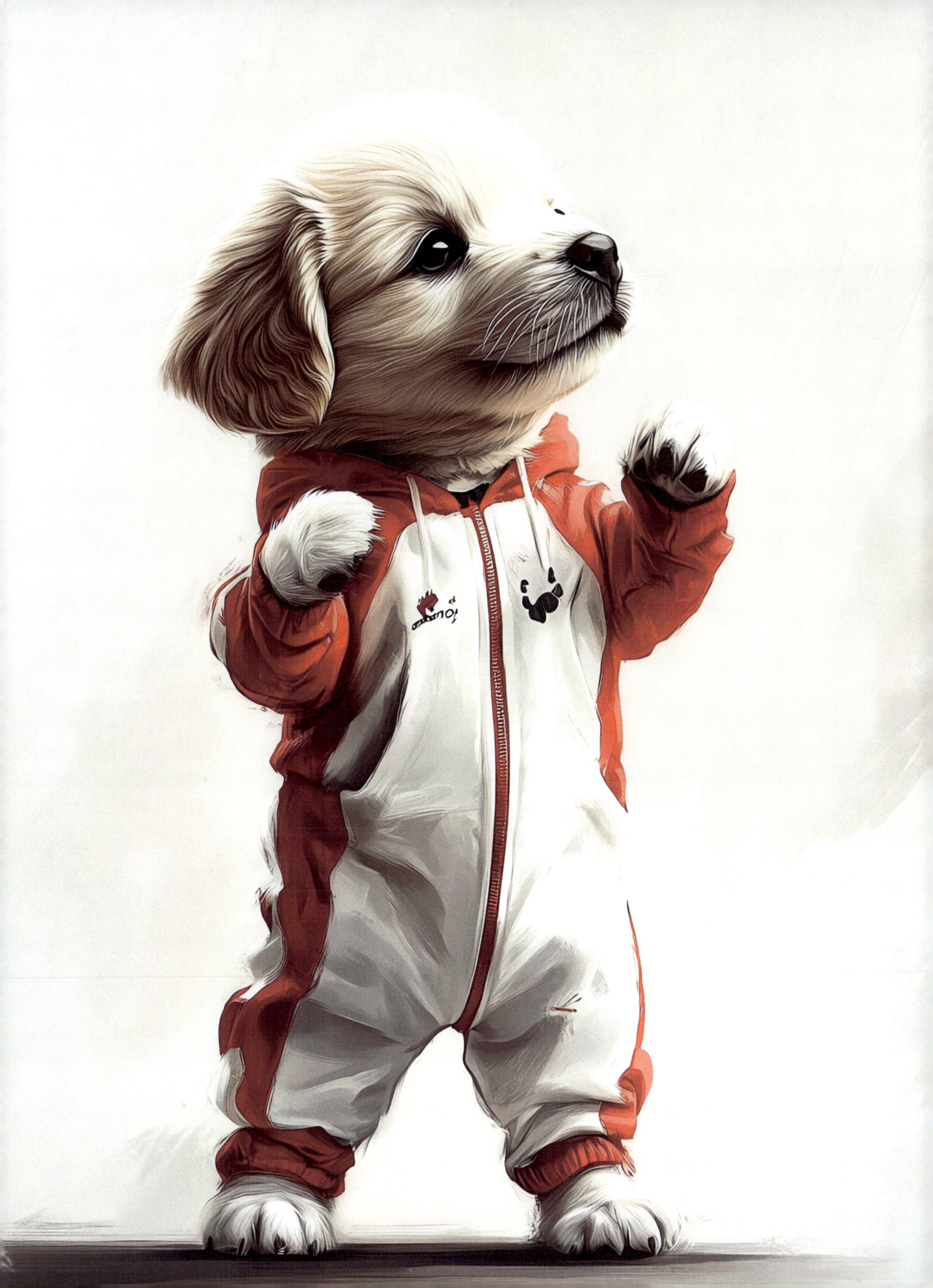

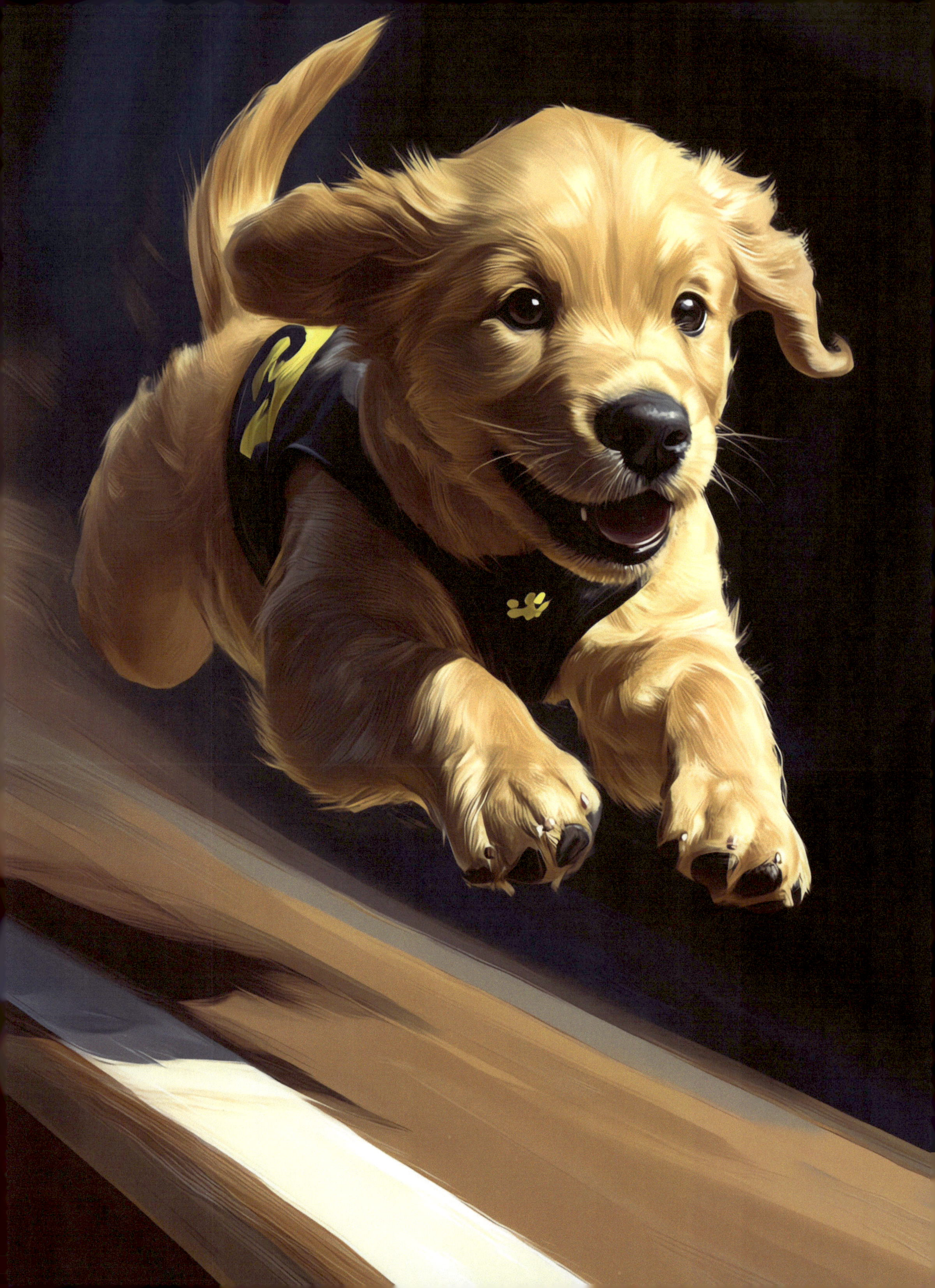

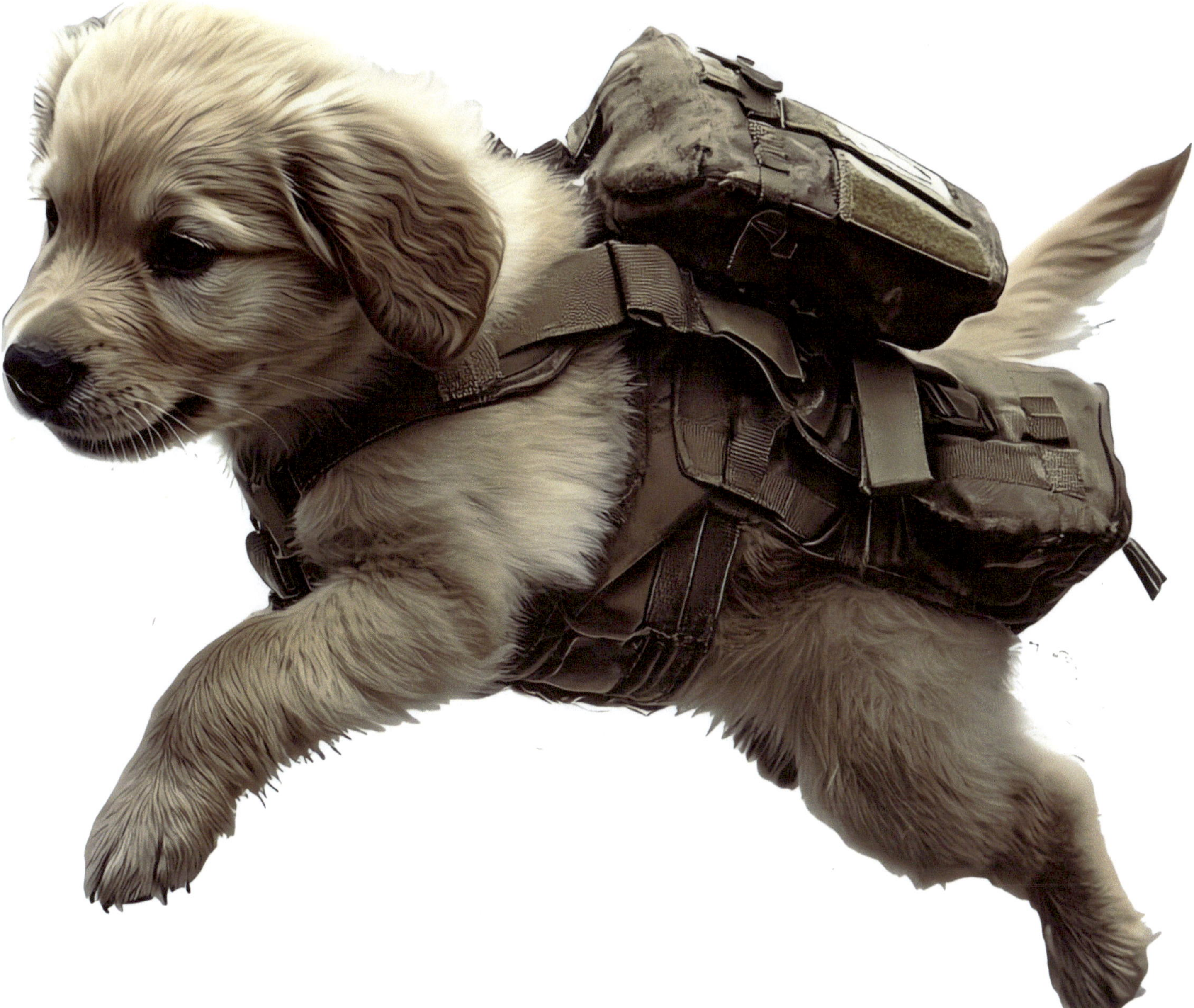

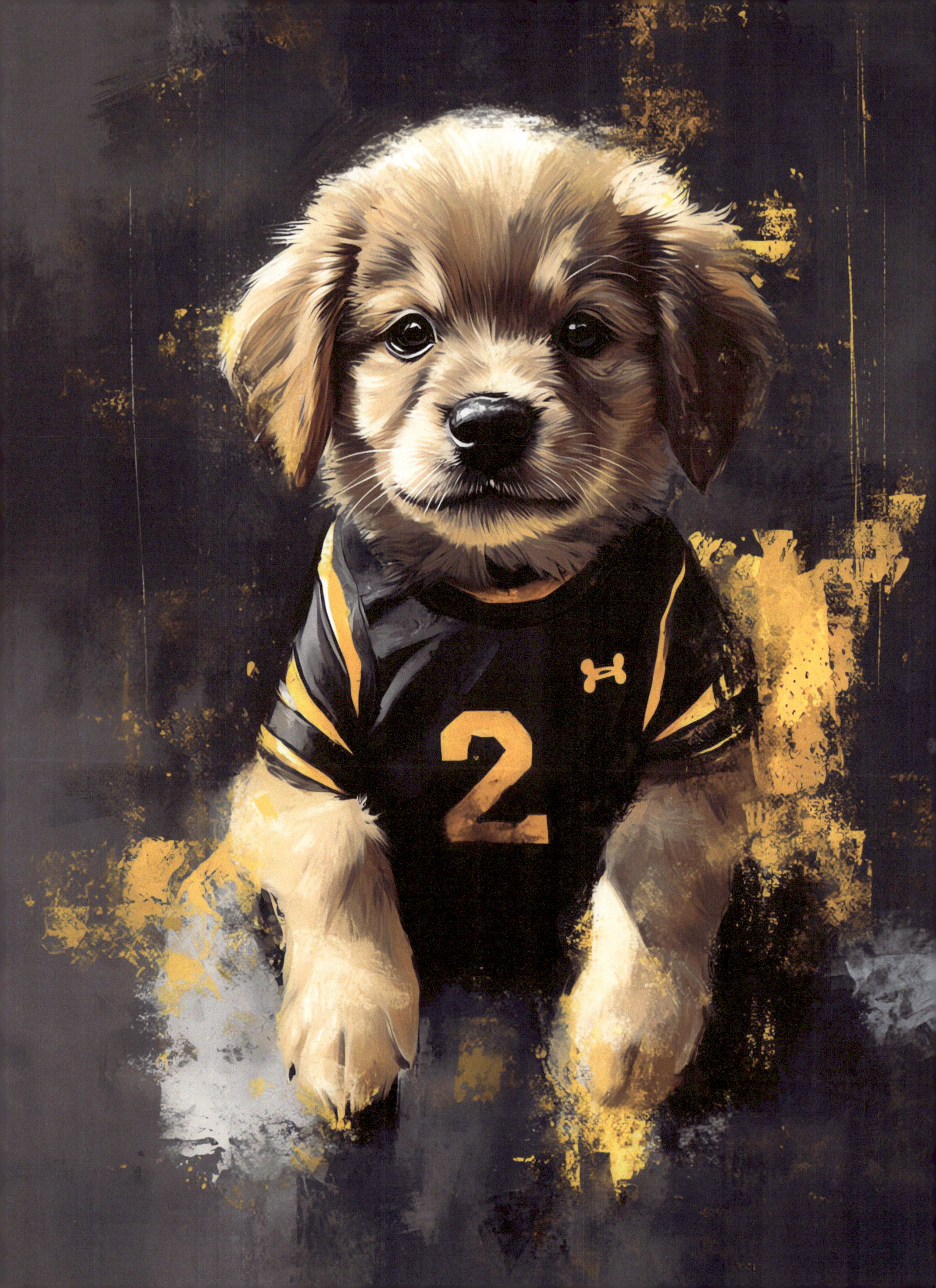
2

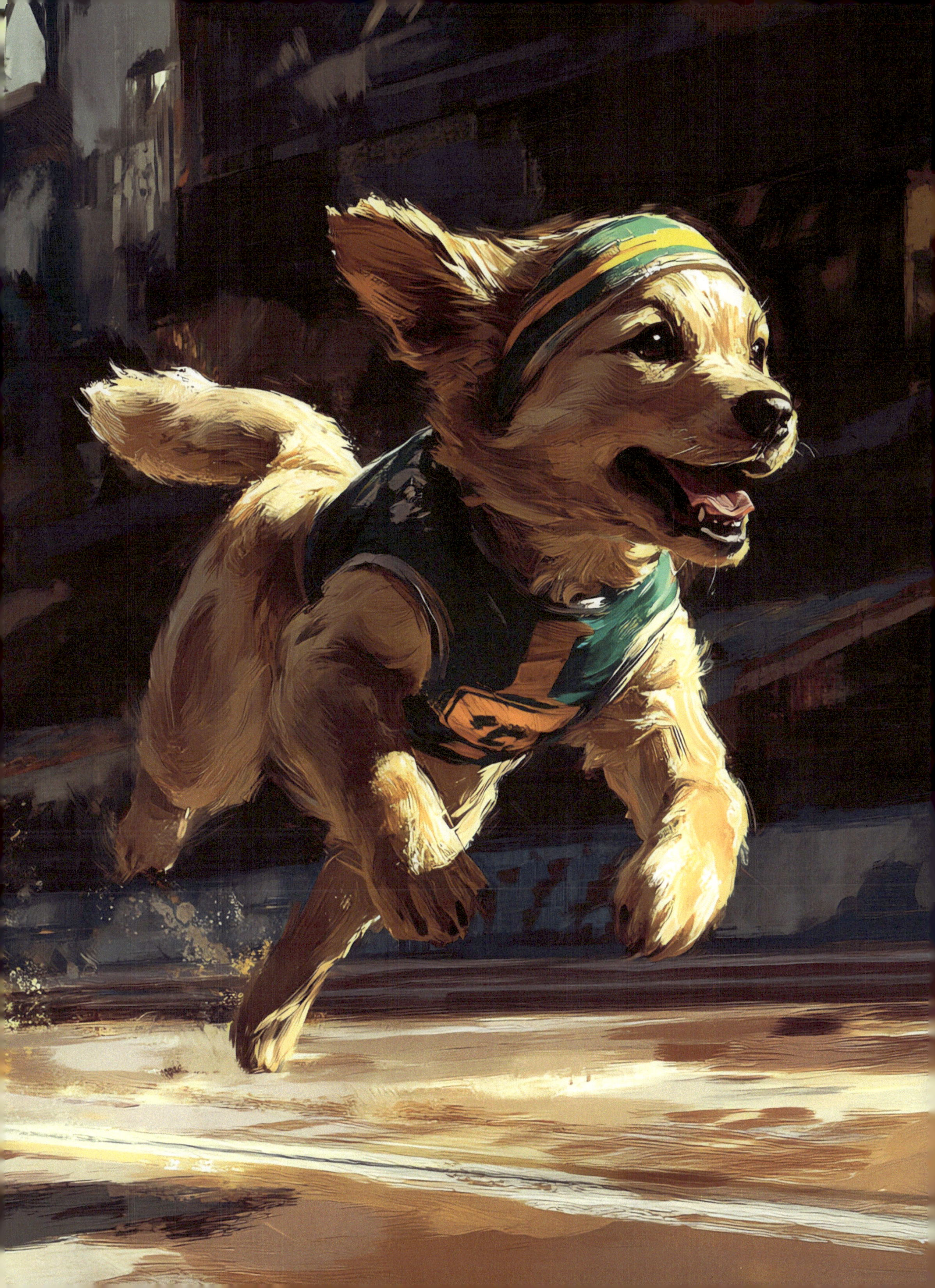

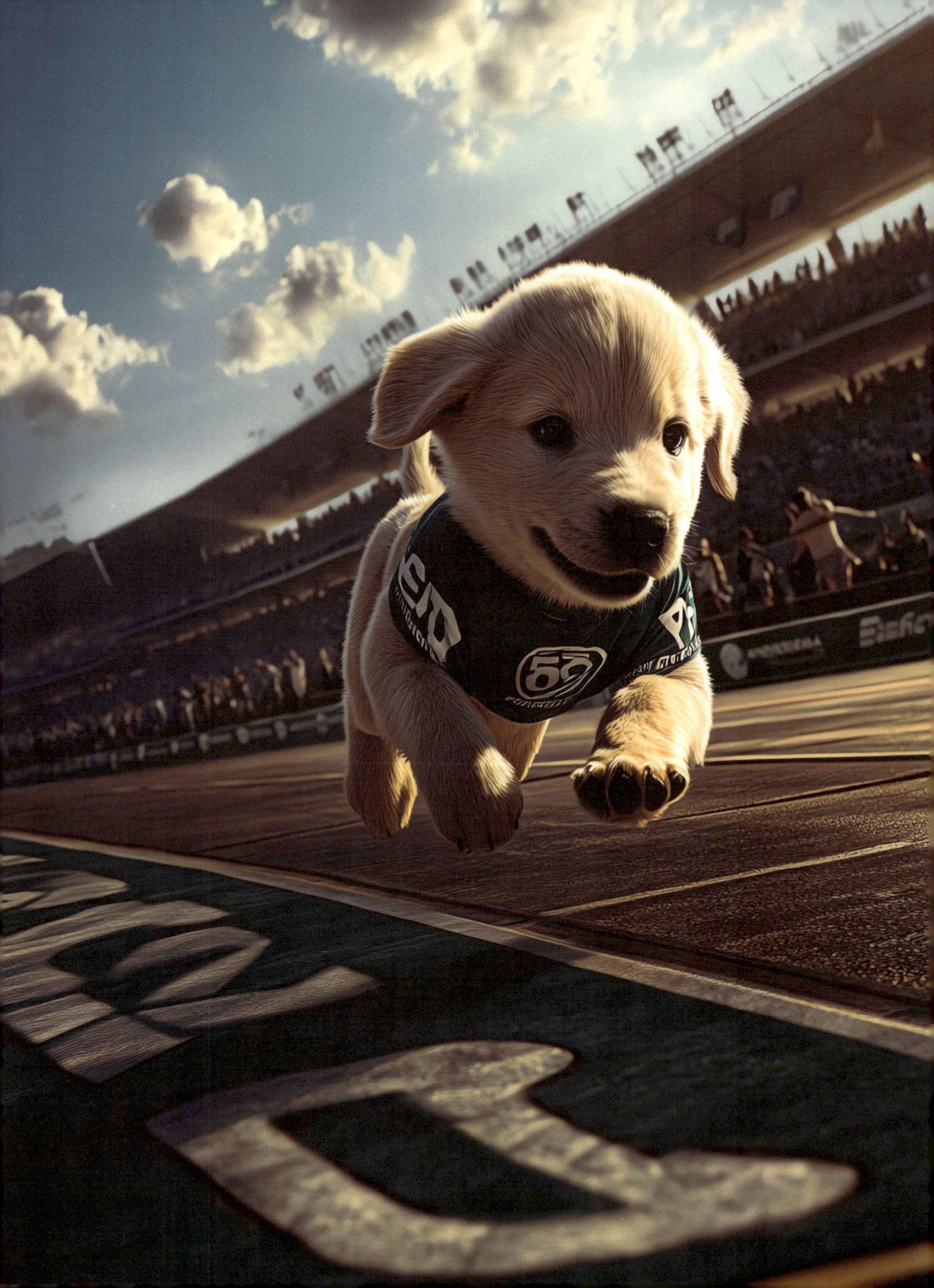

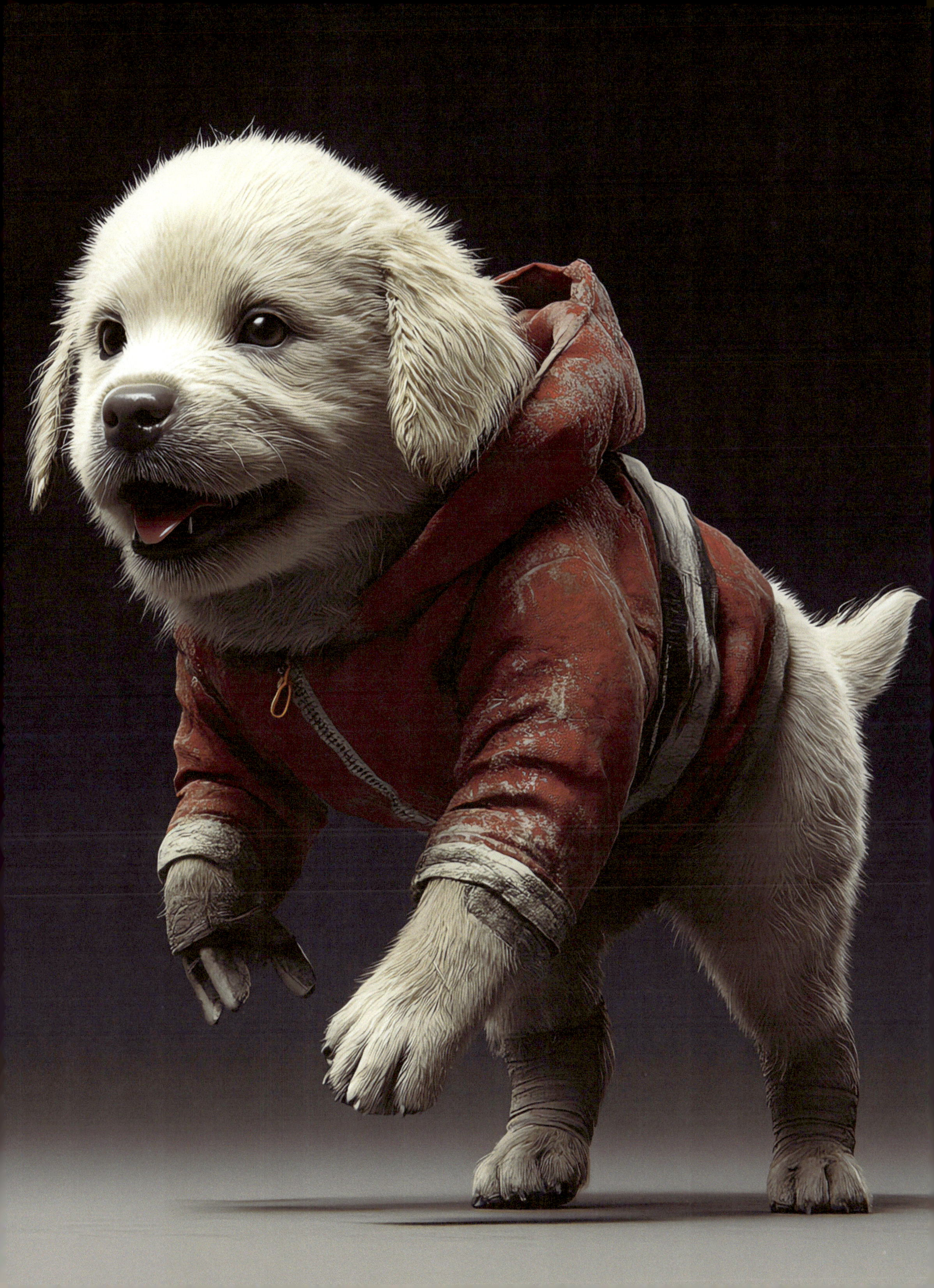

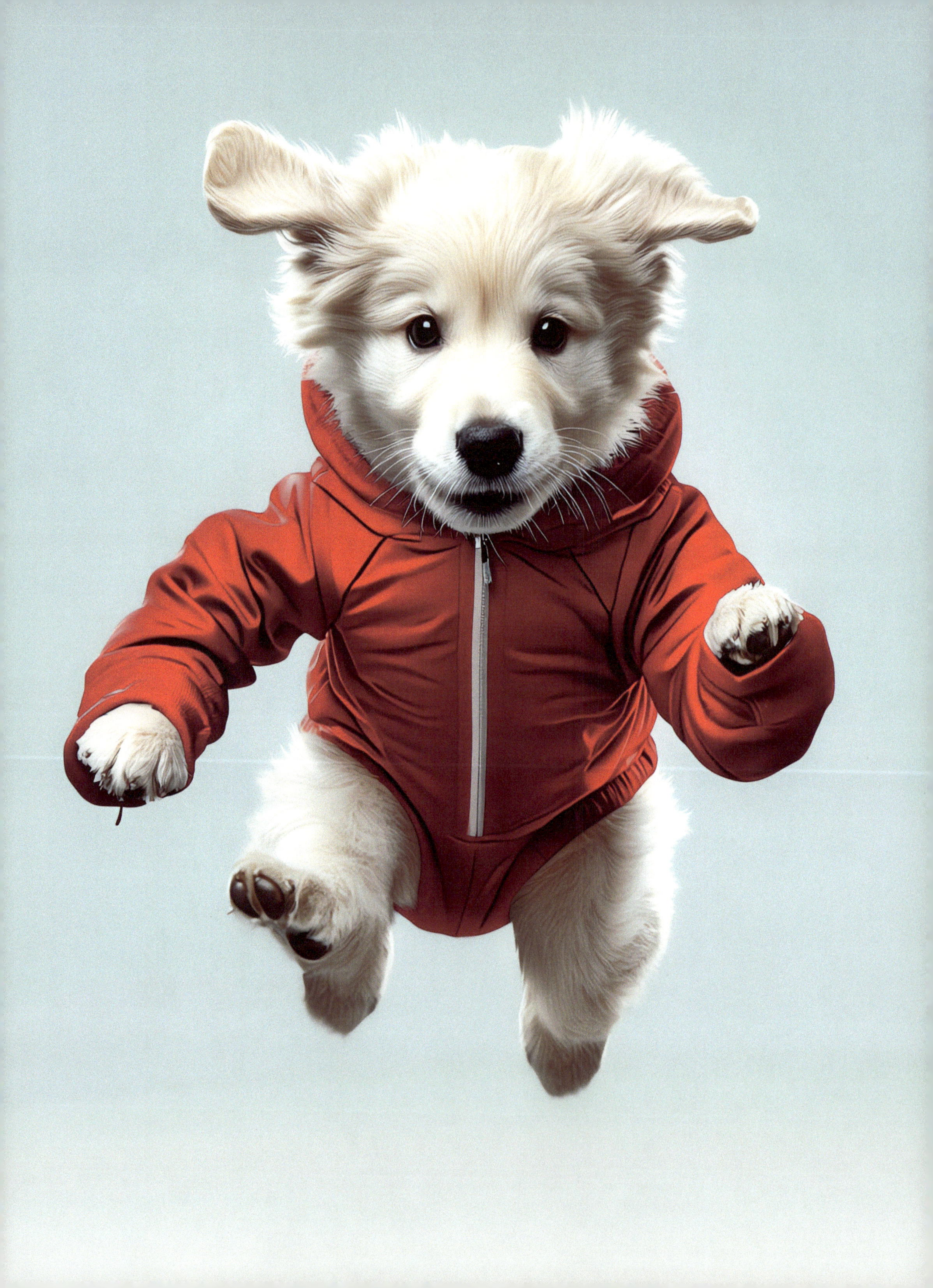

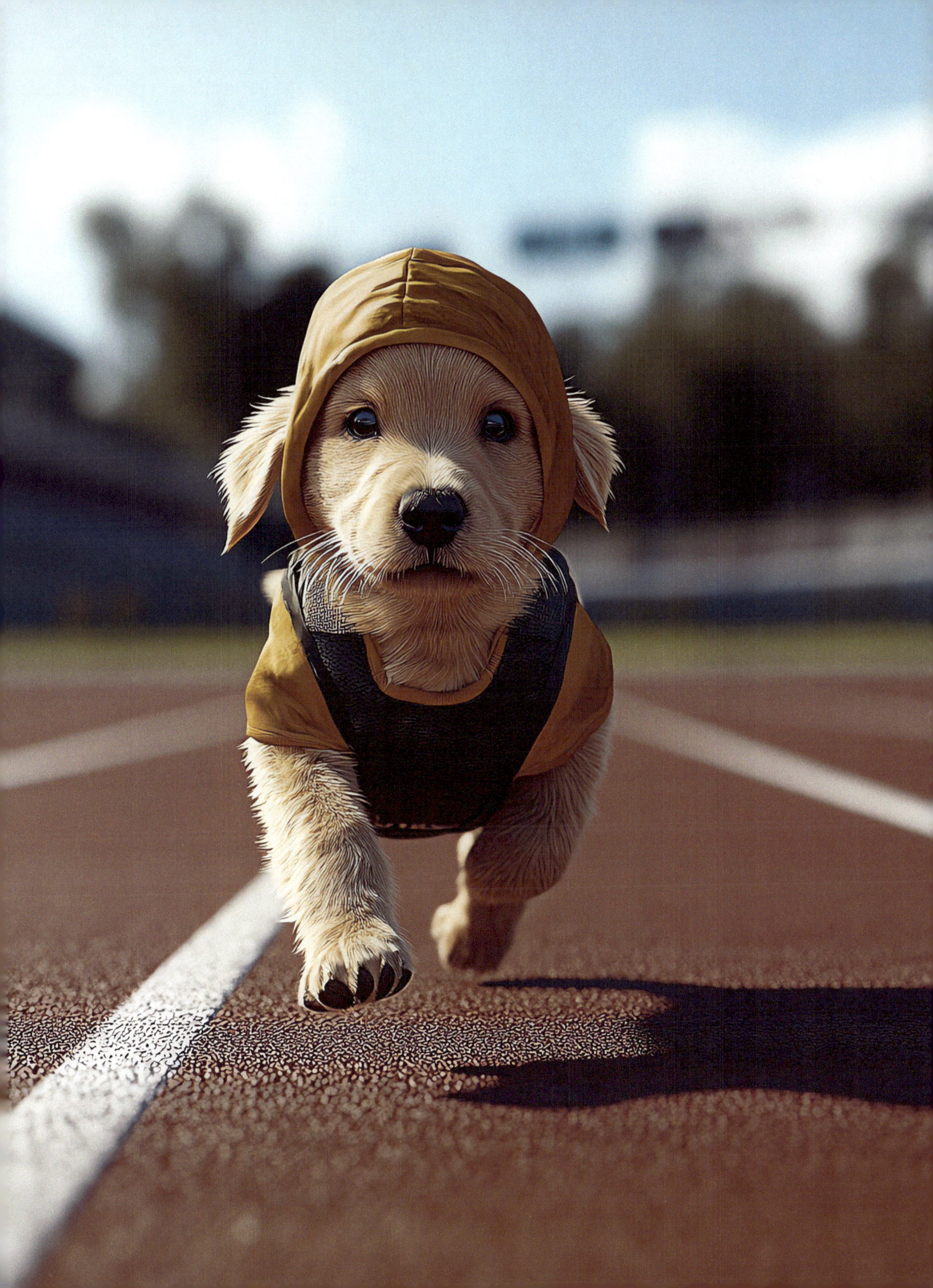

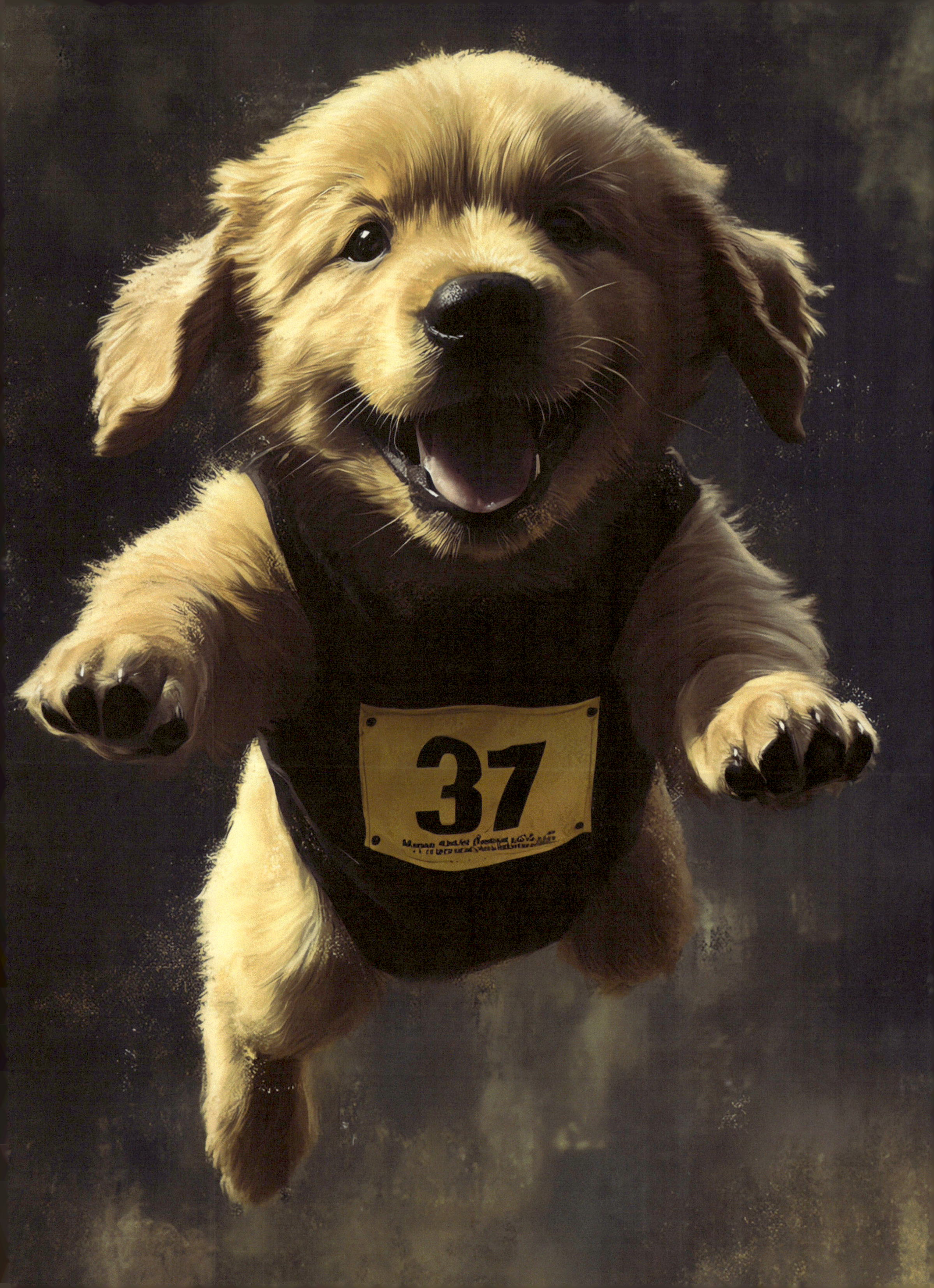
37

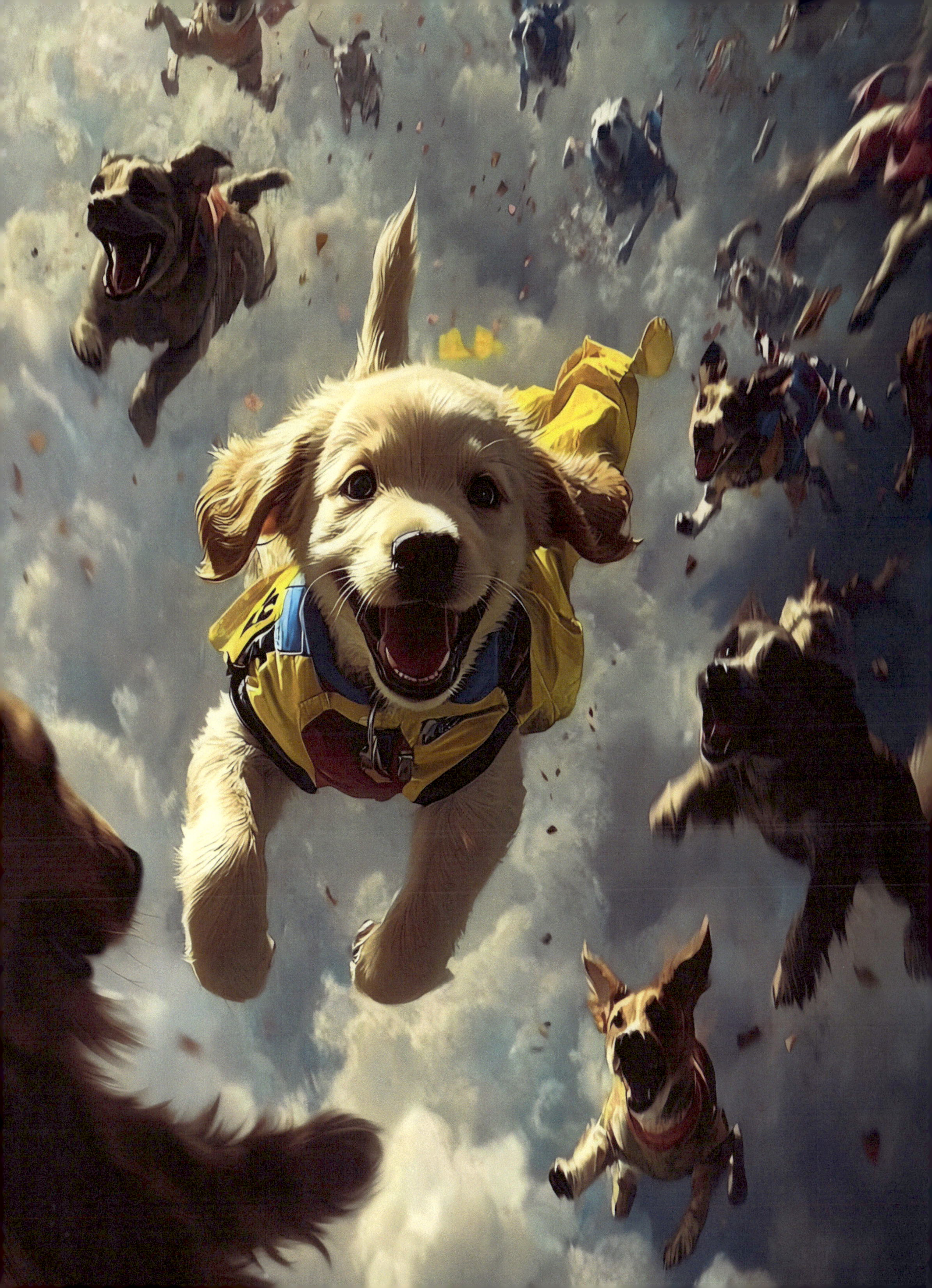

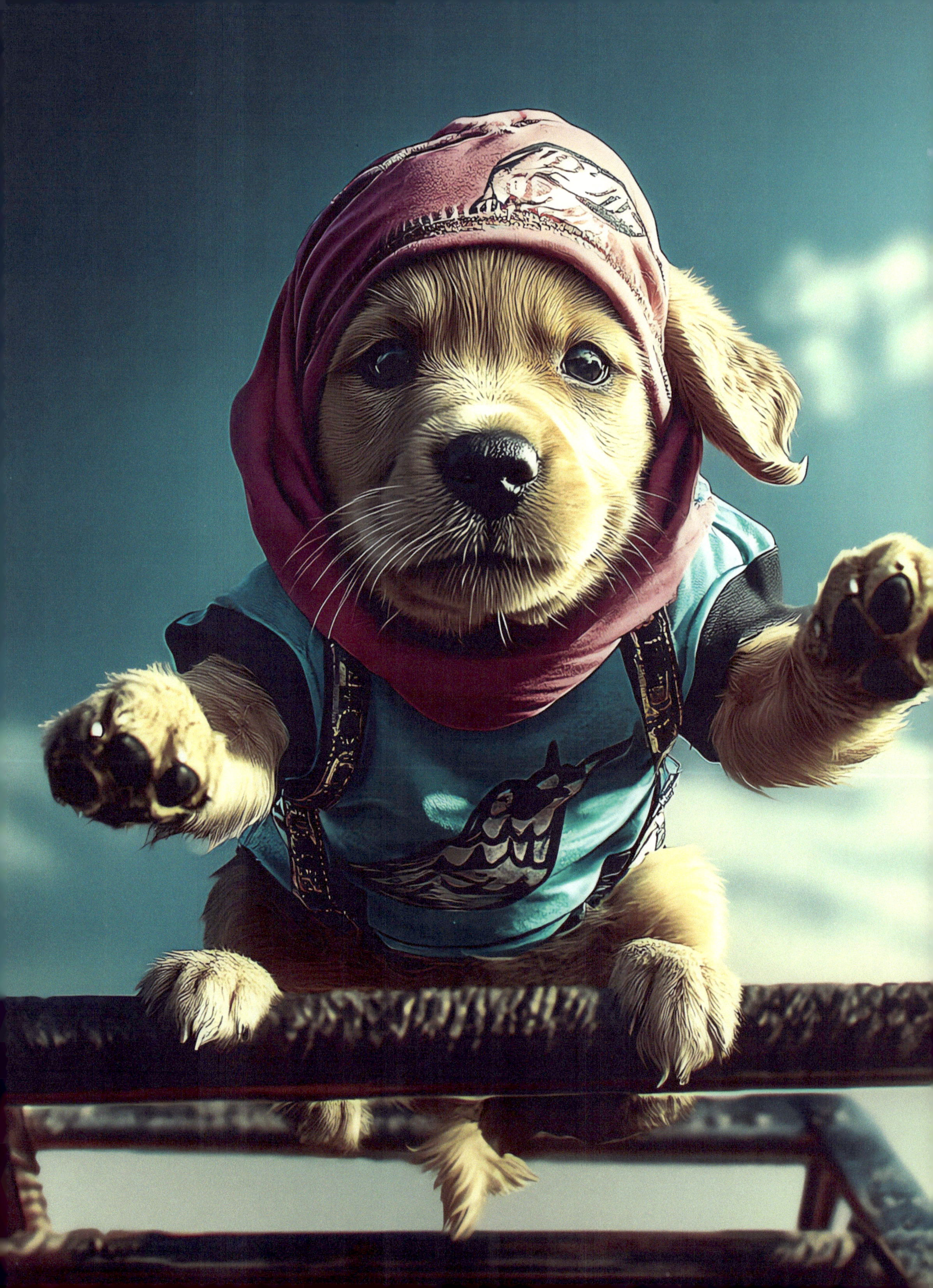

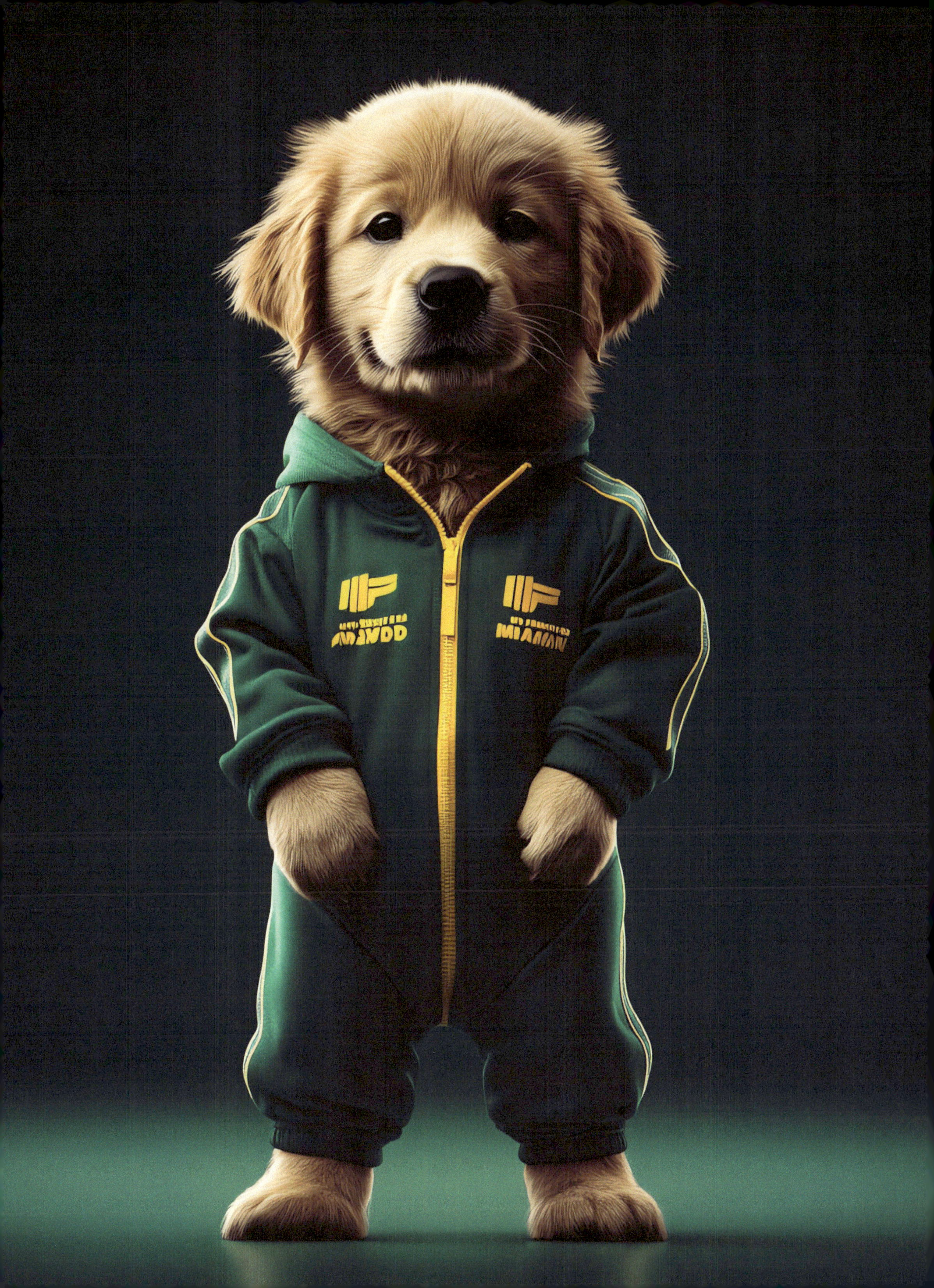

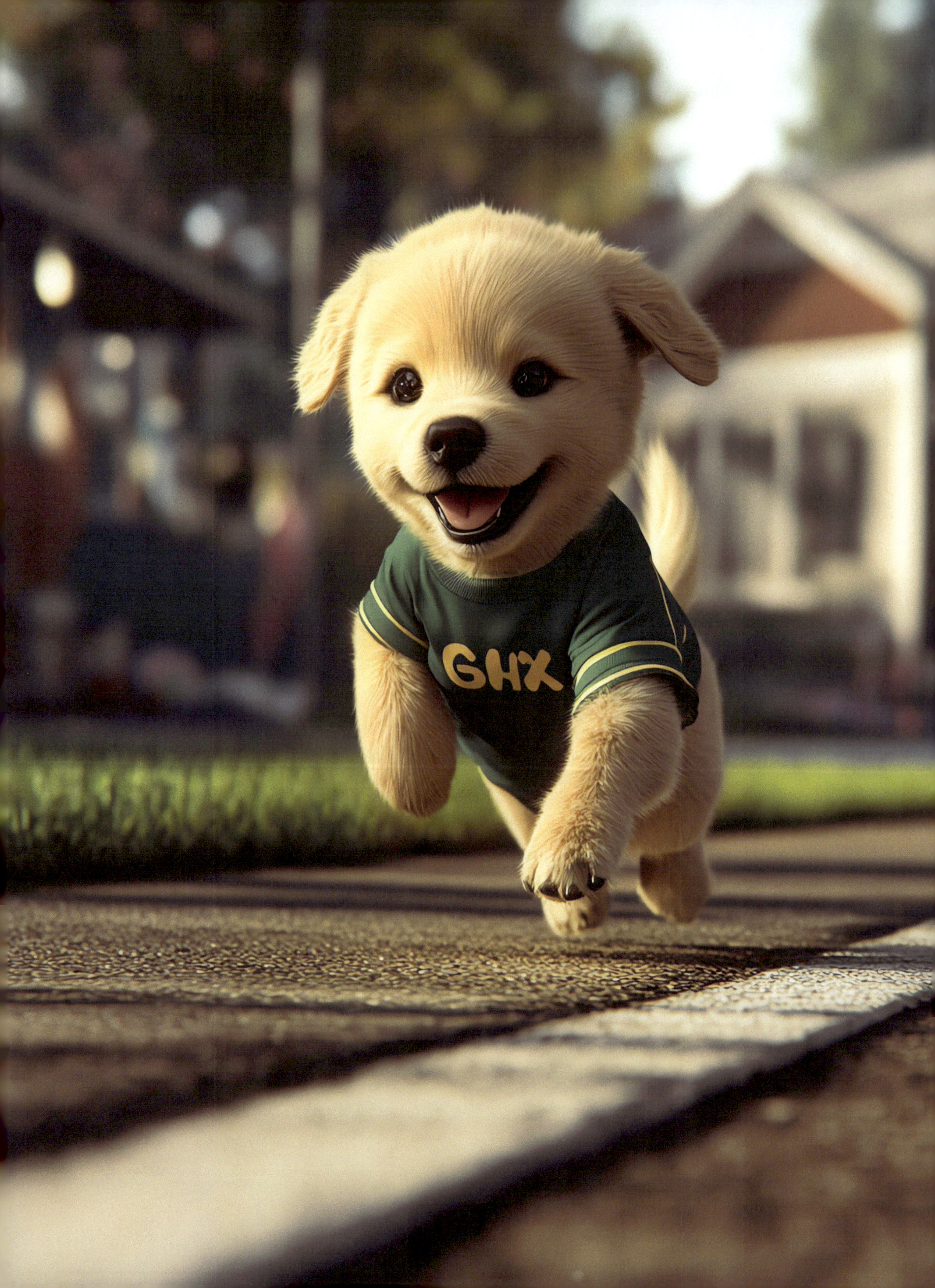
GHX

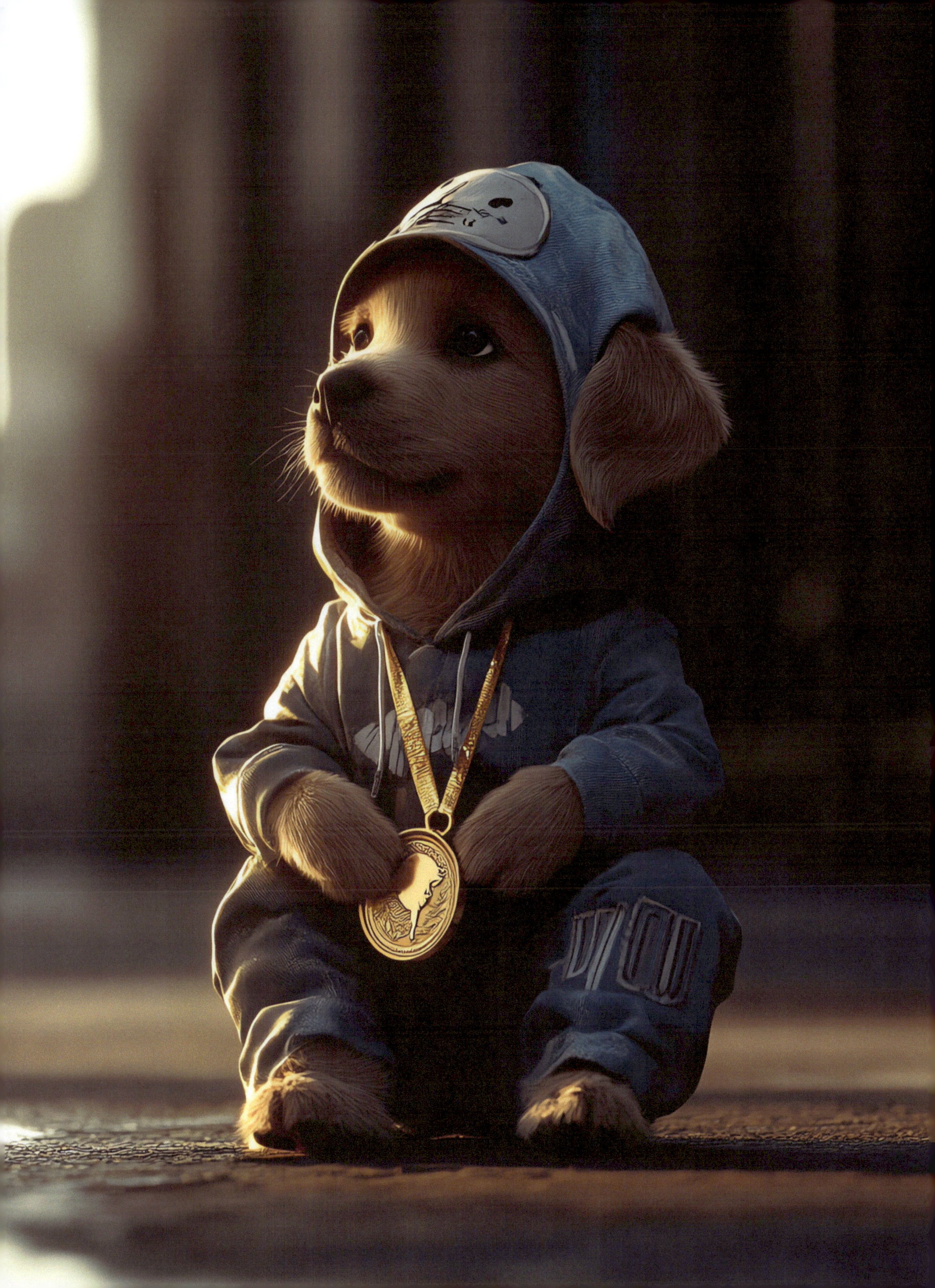

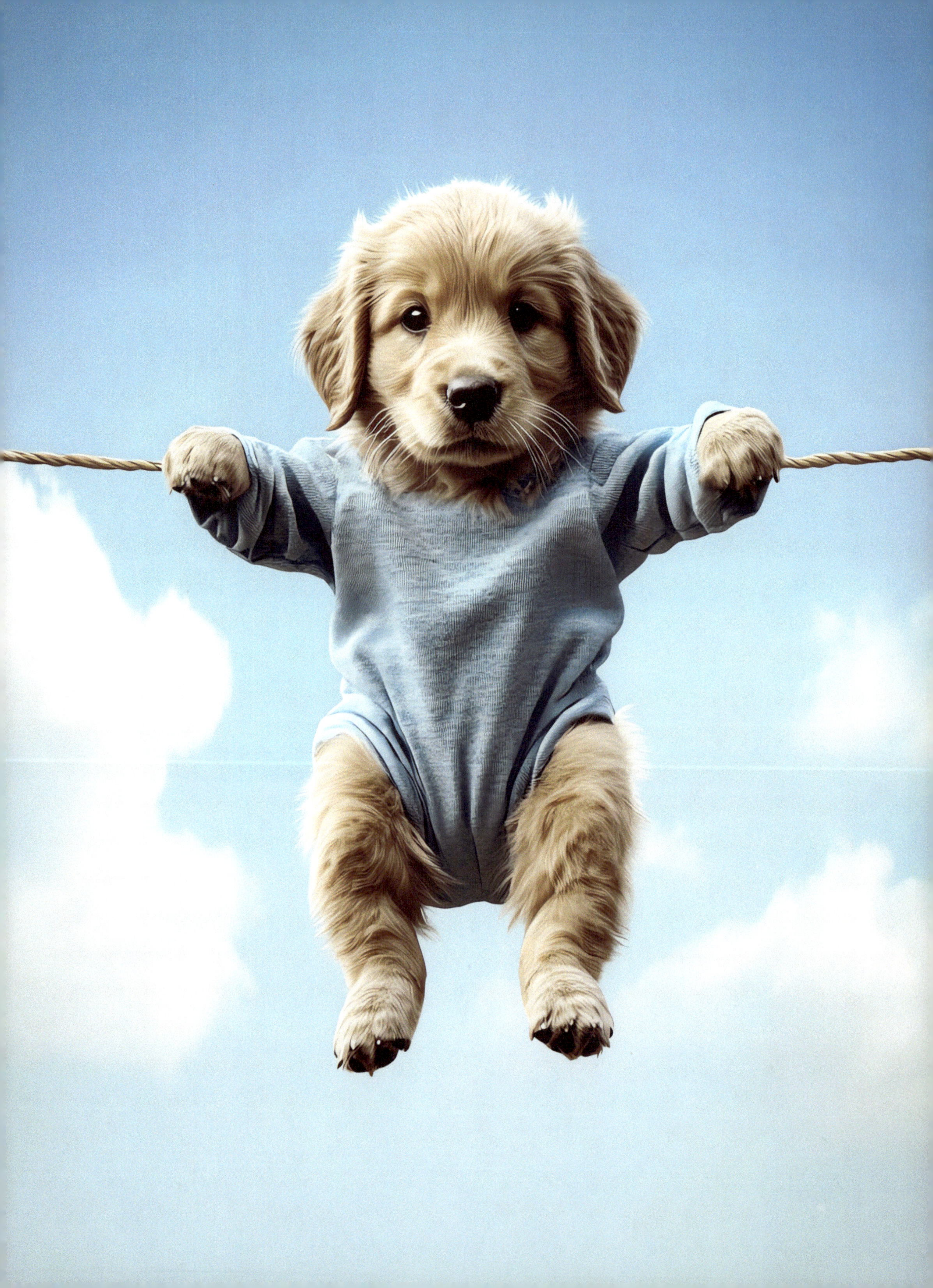

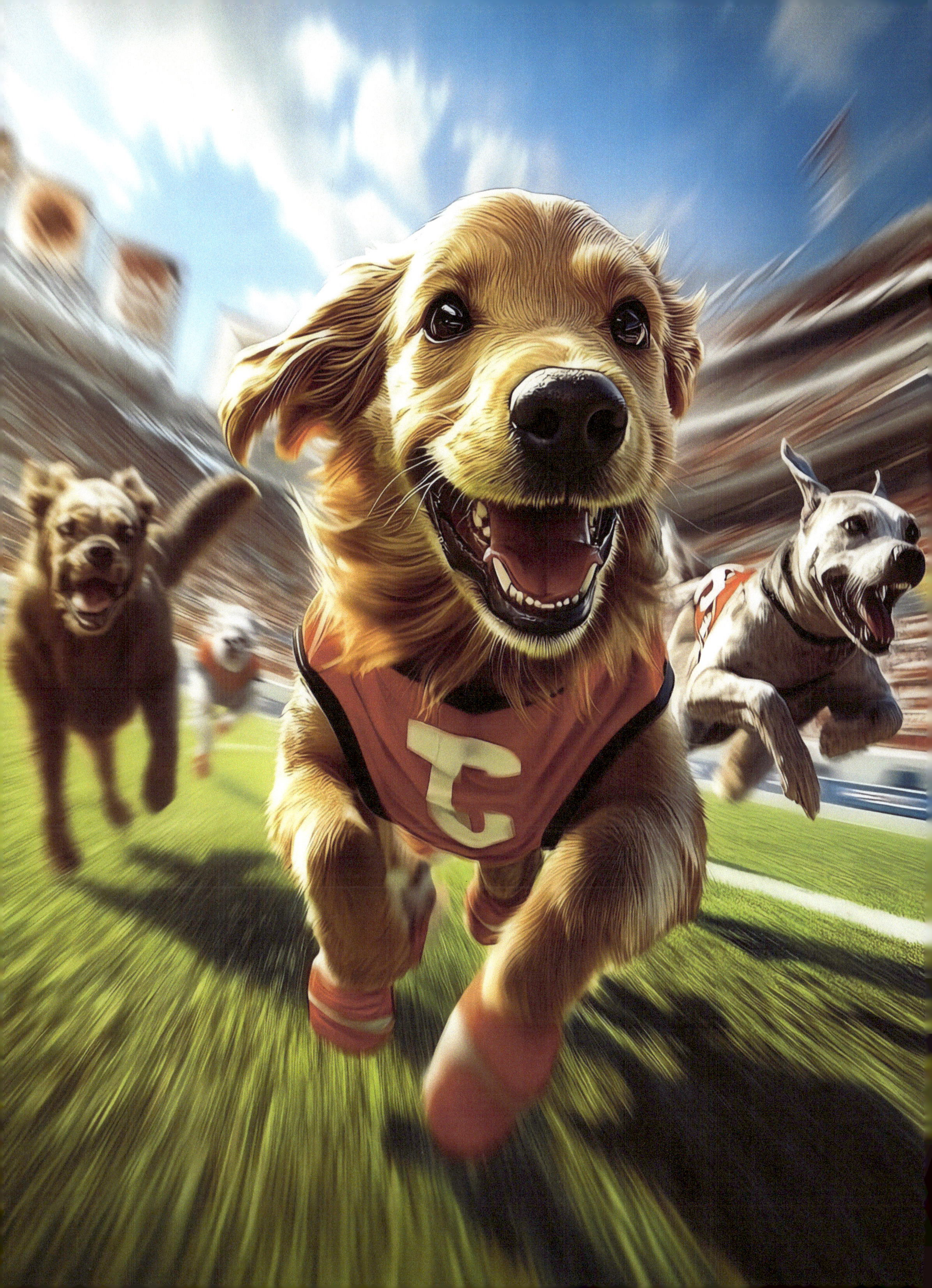

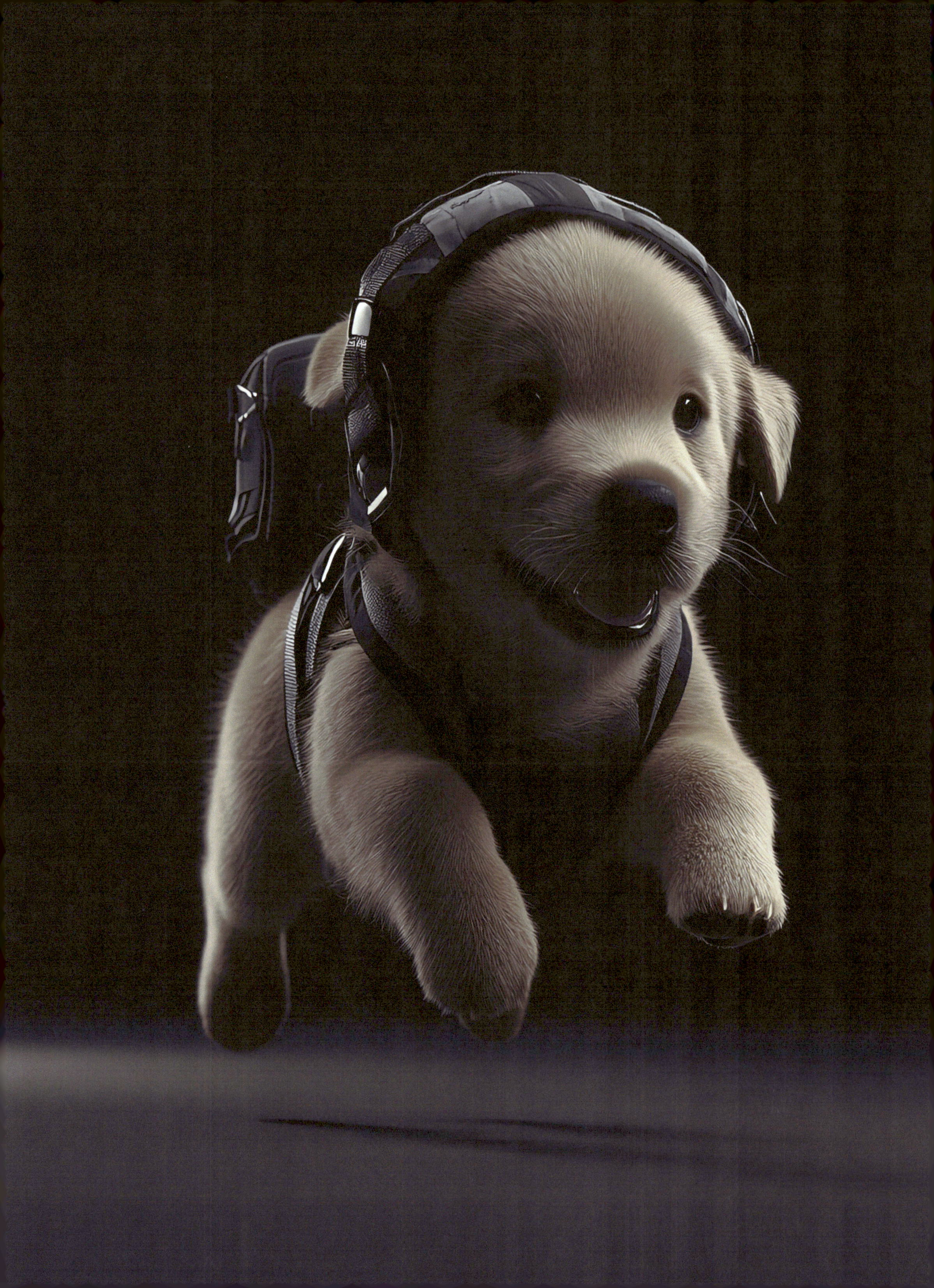

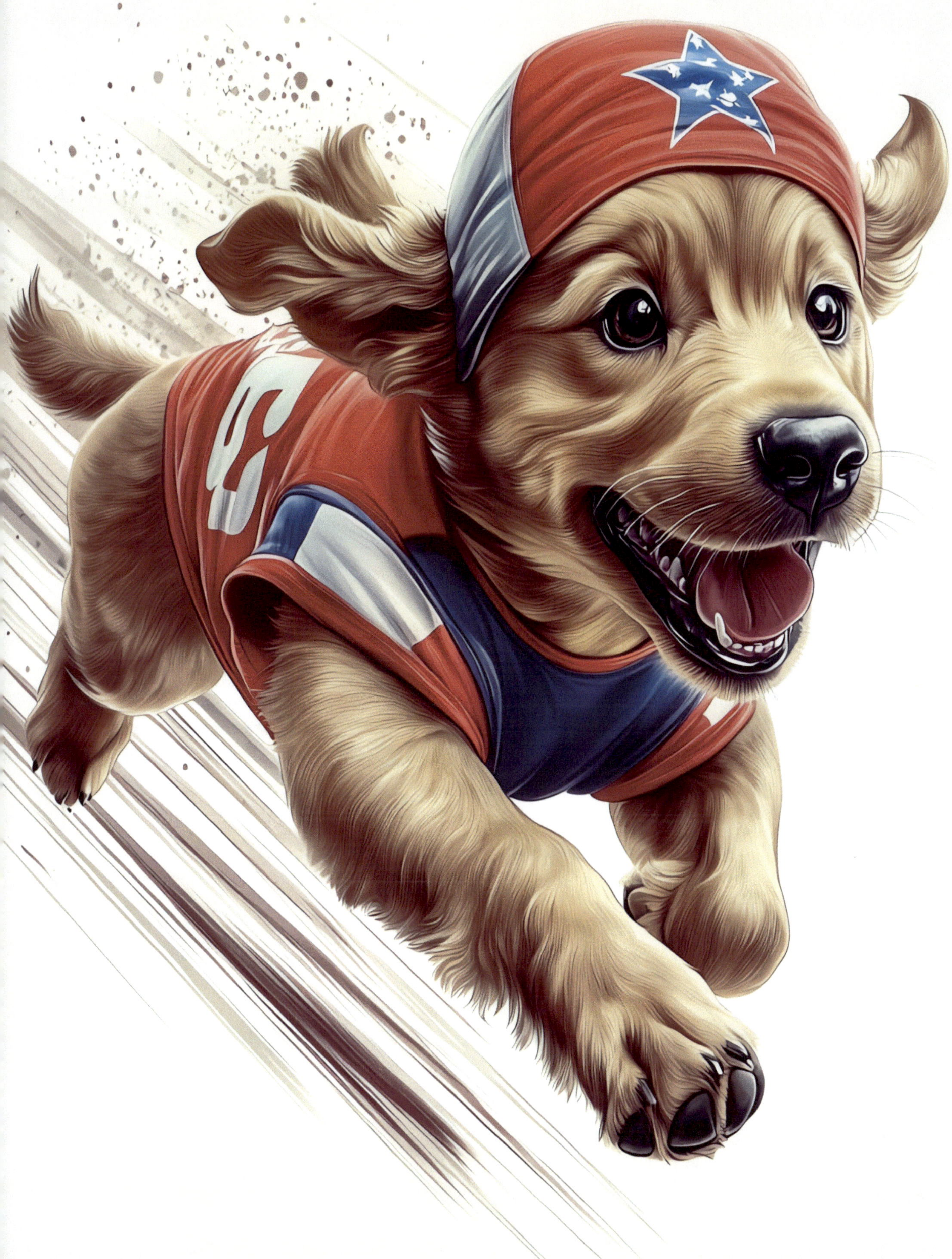

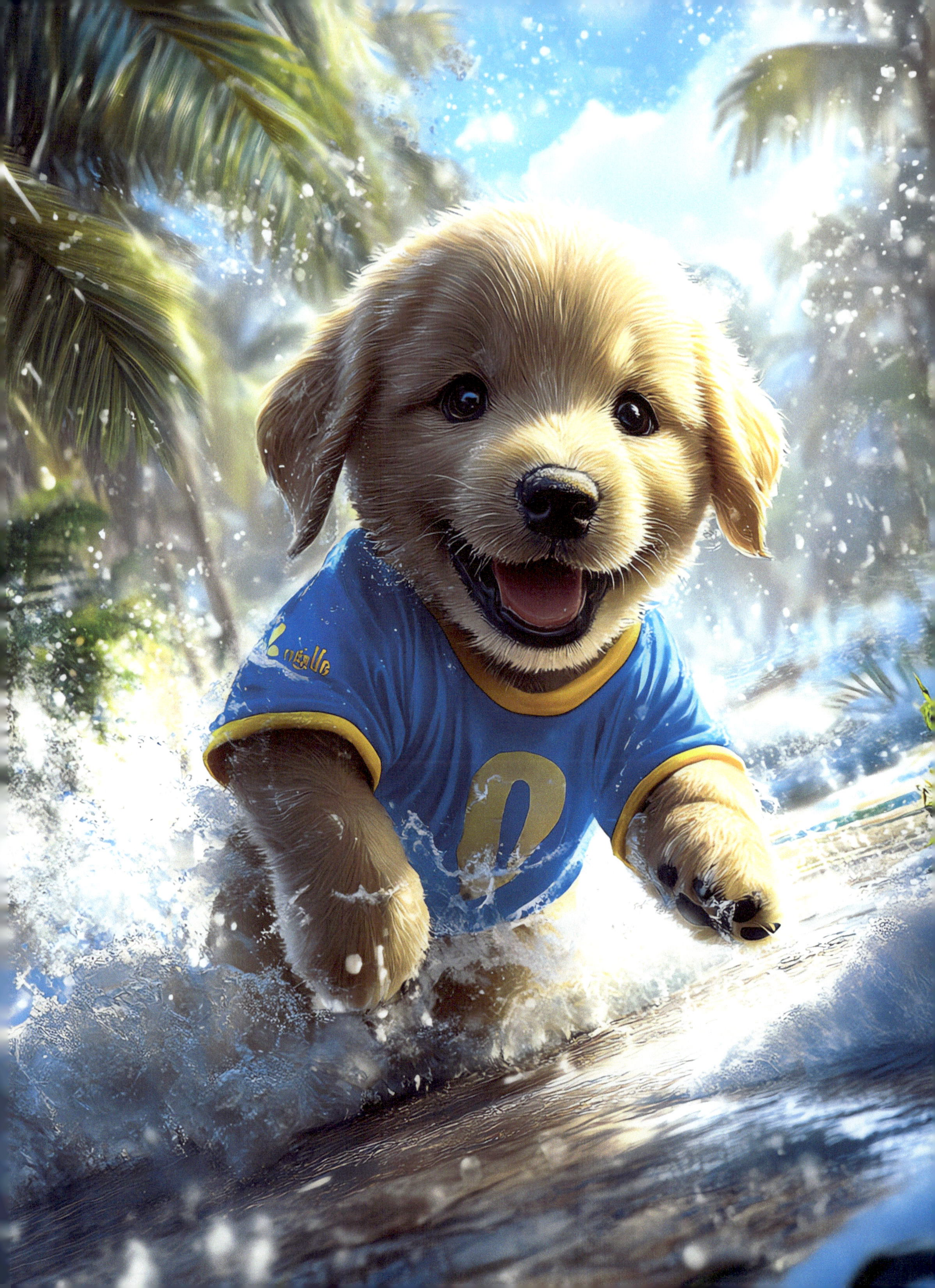

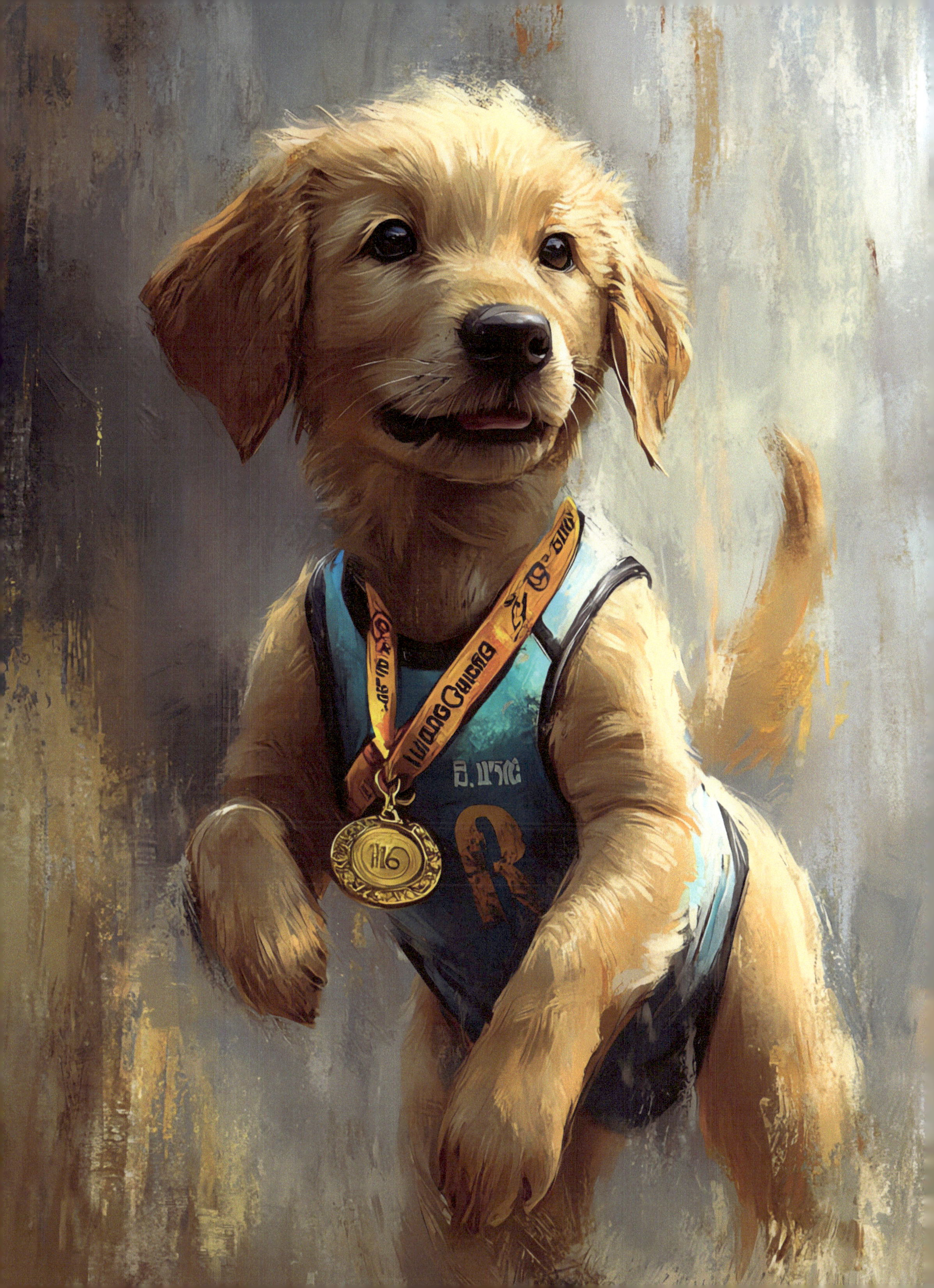

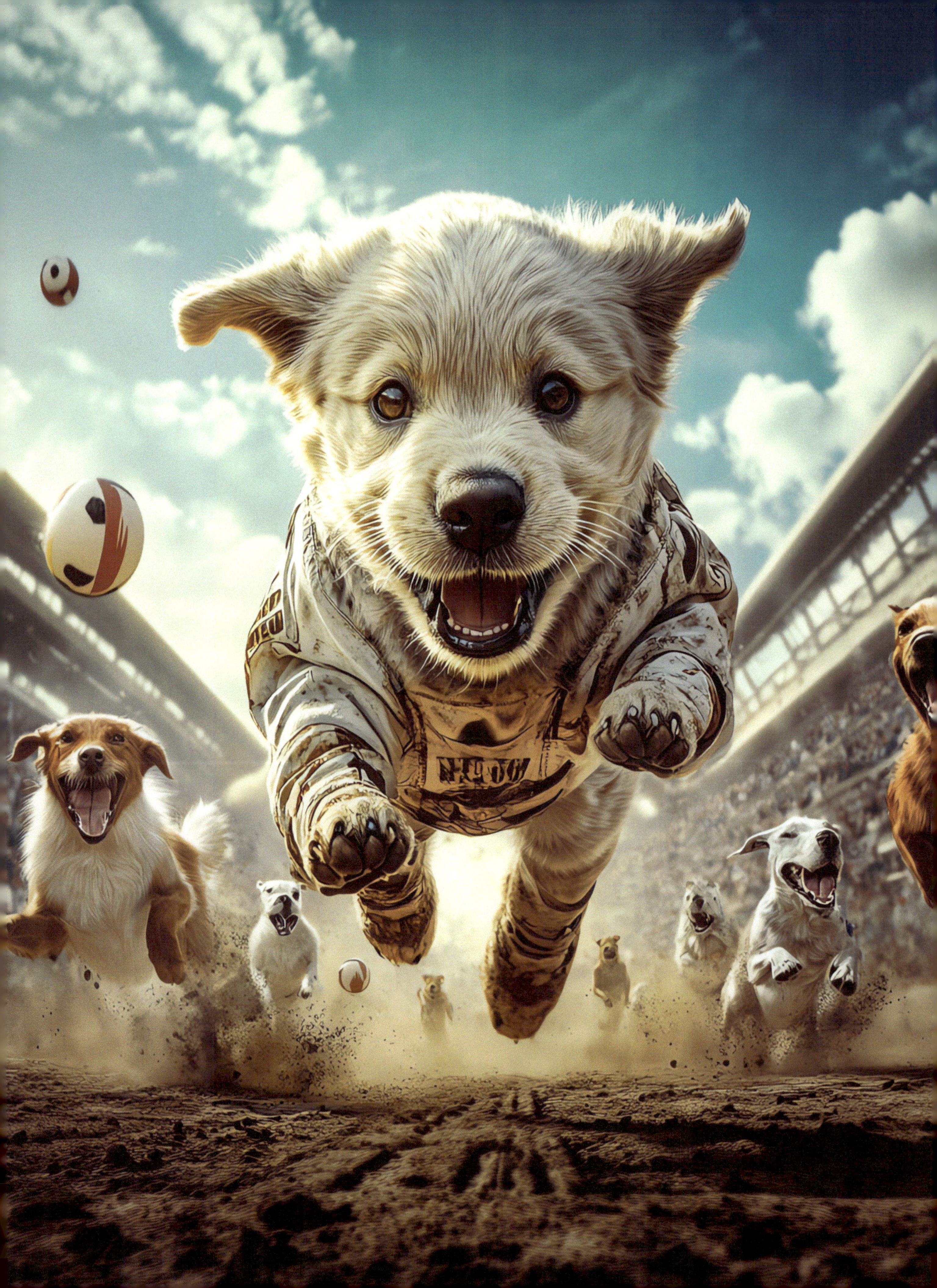

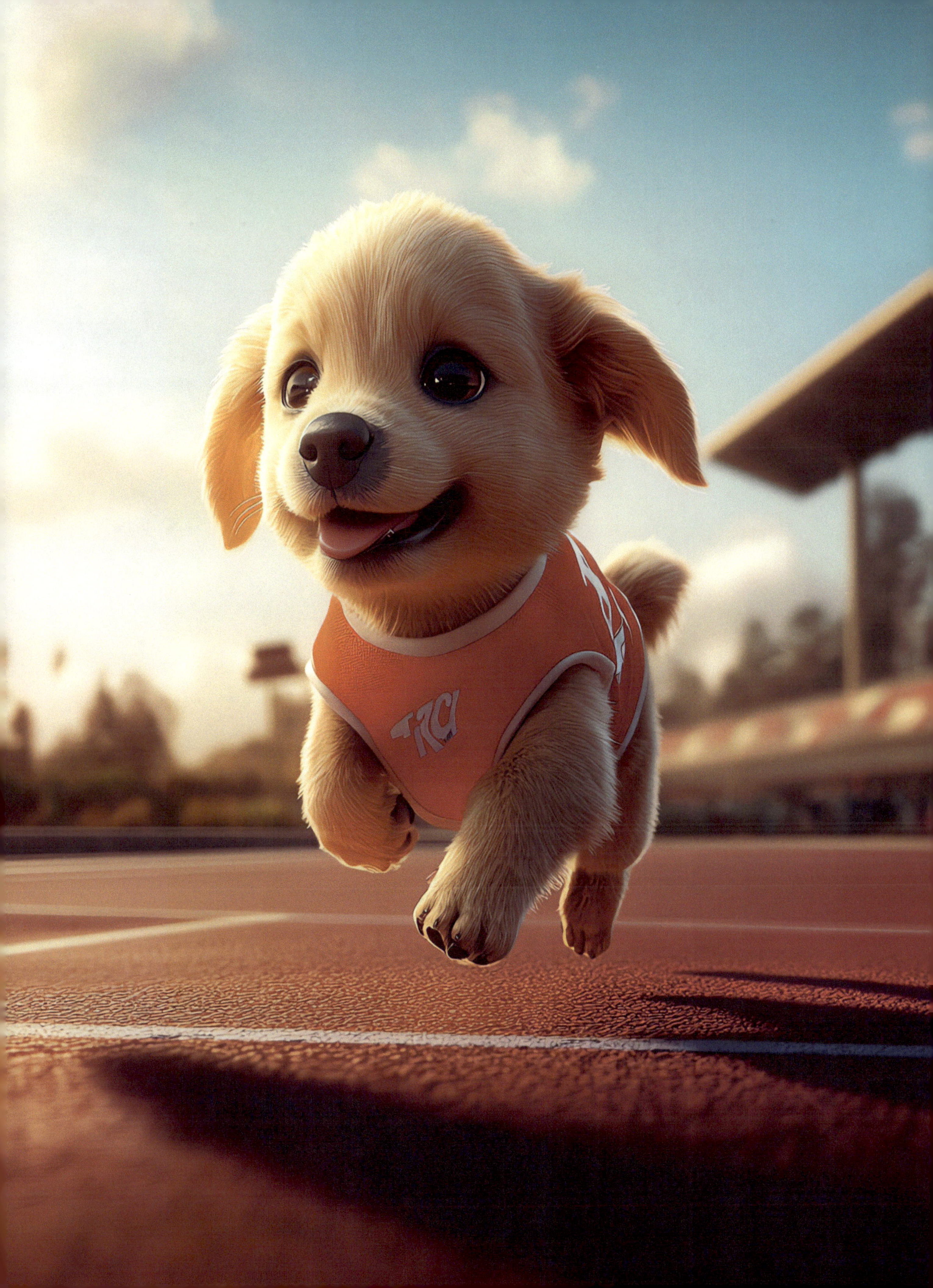

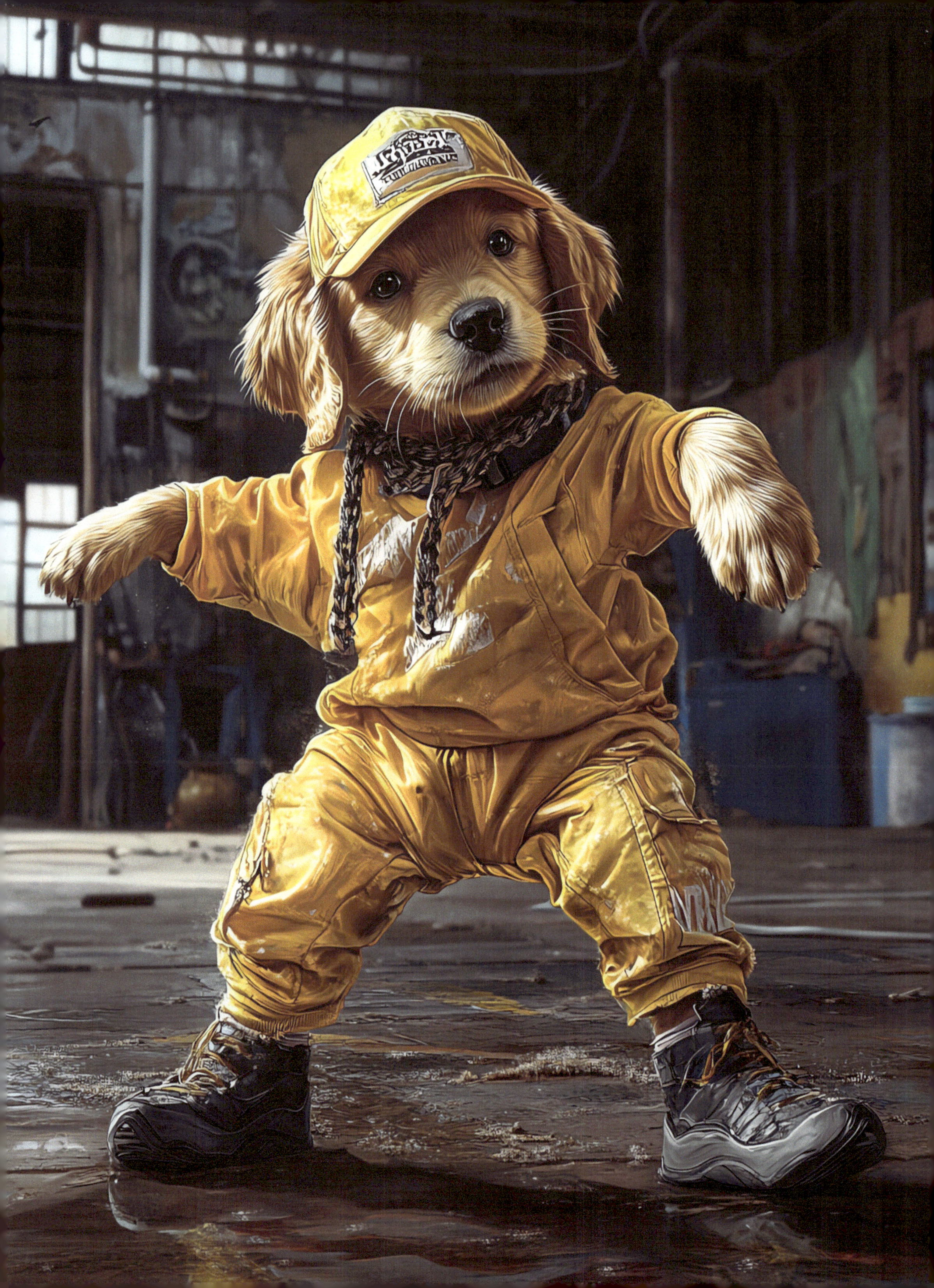

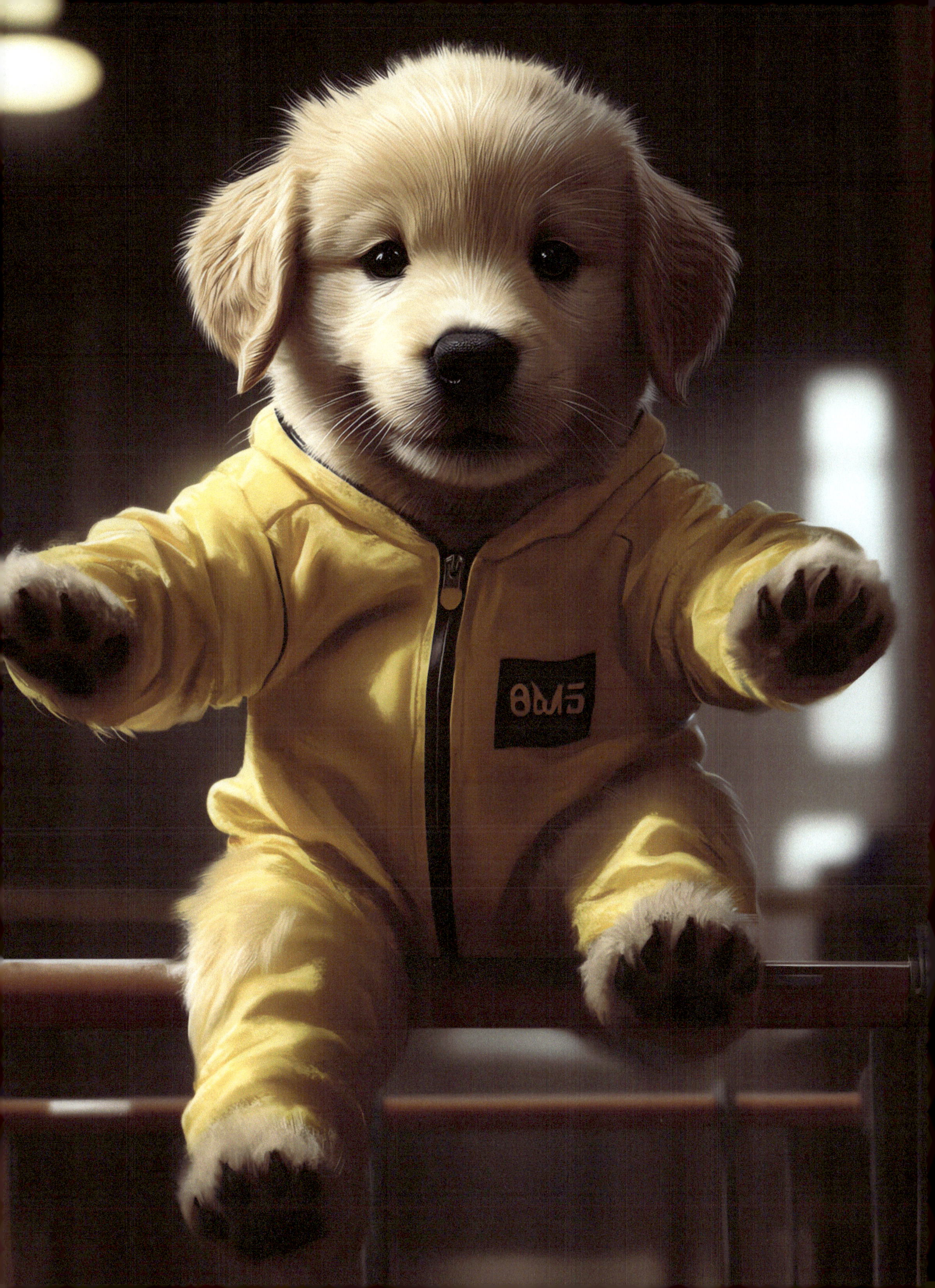

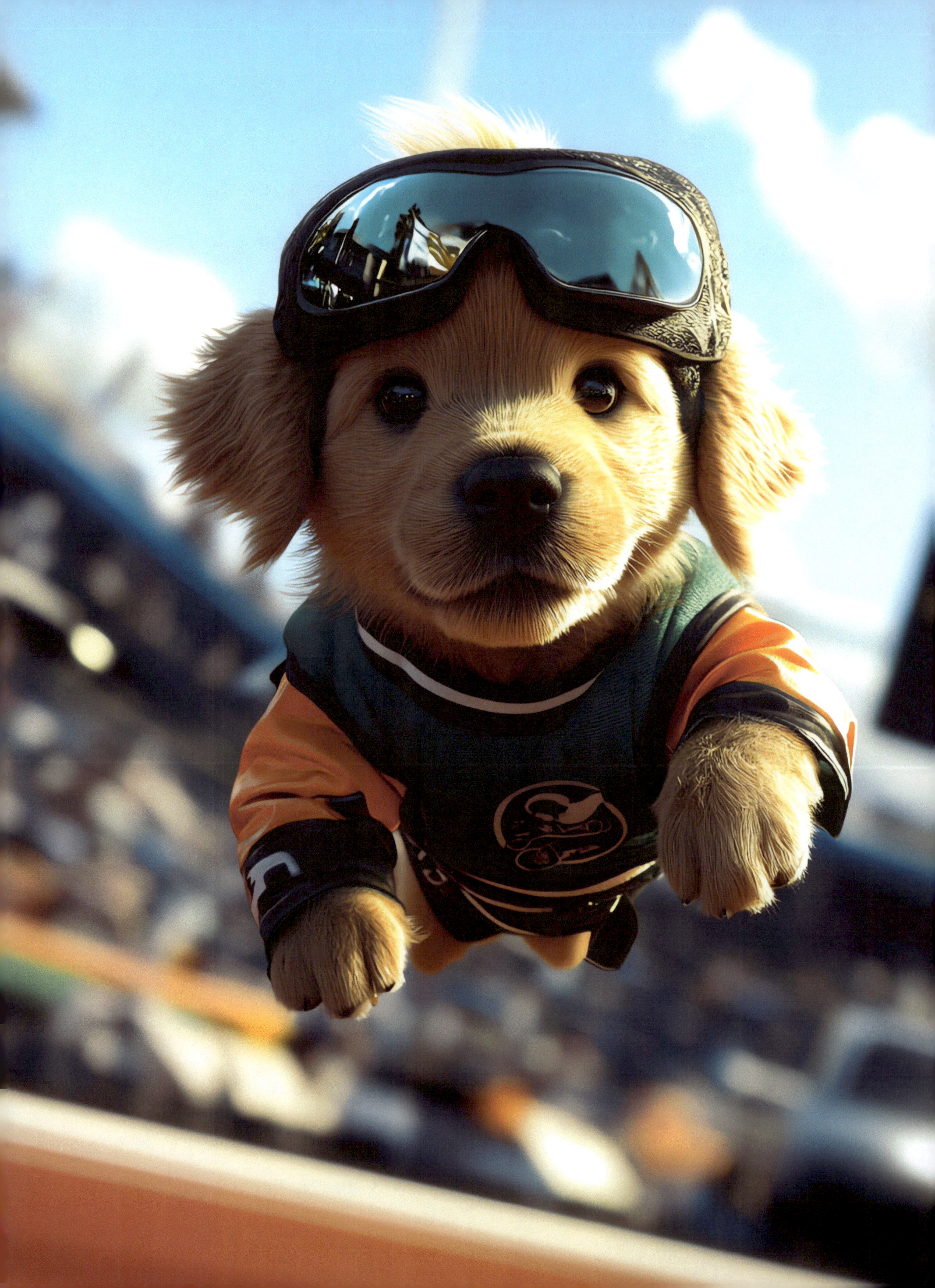

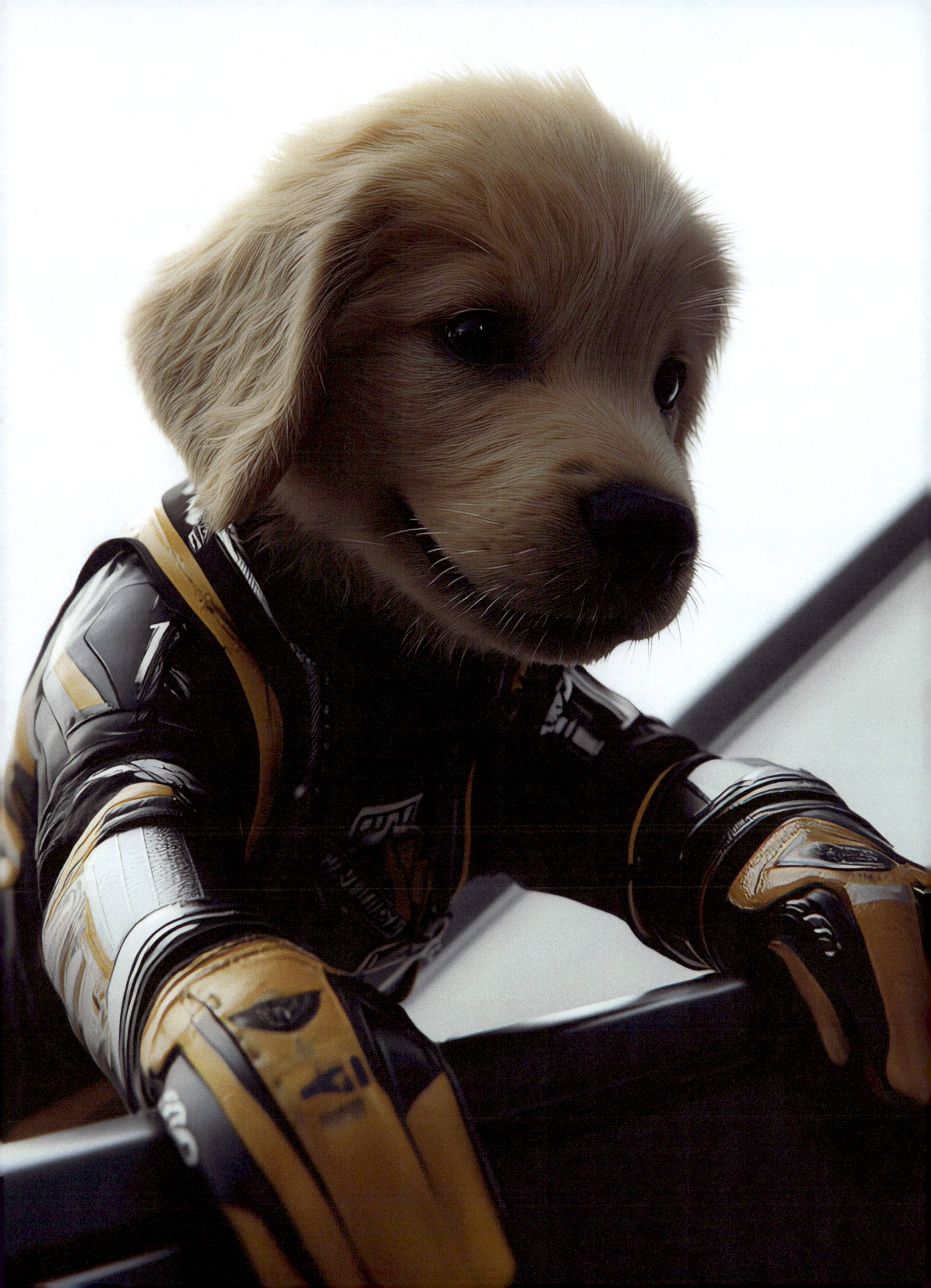

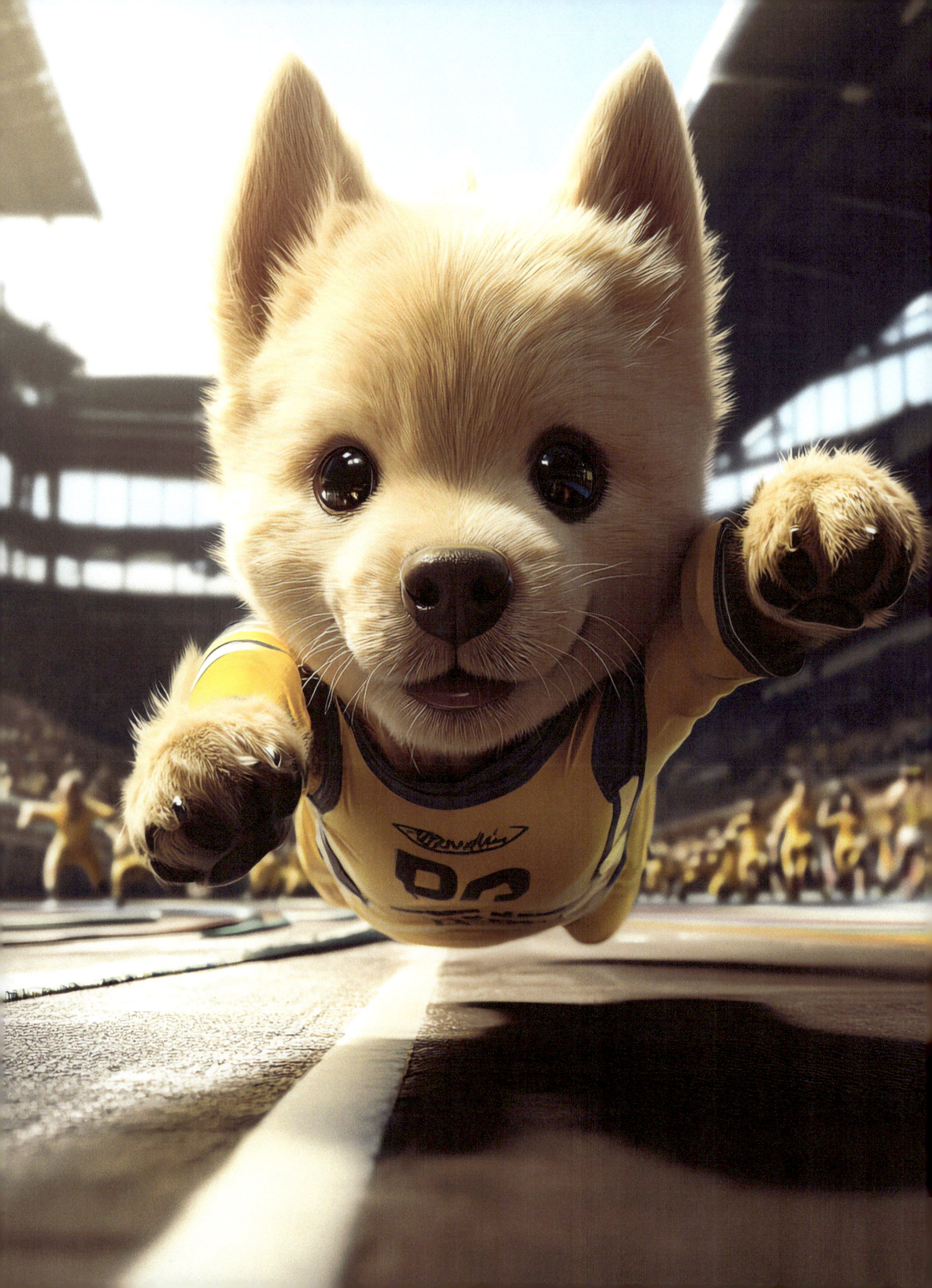

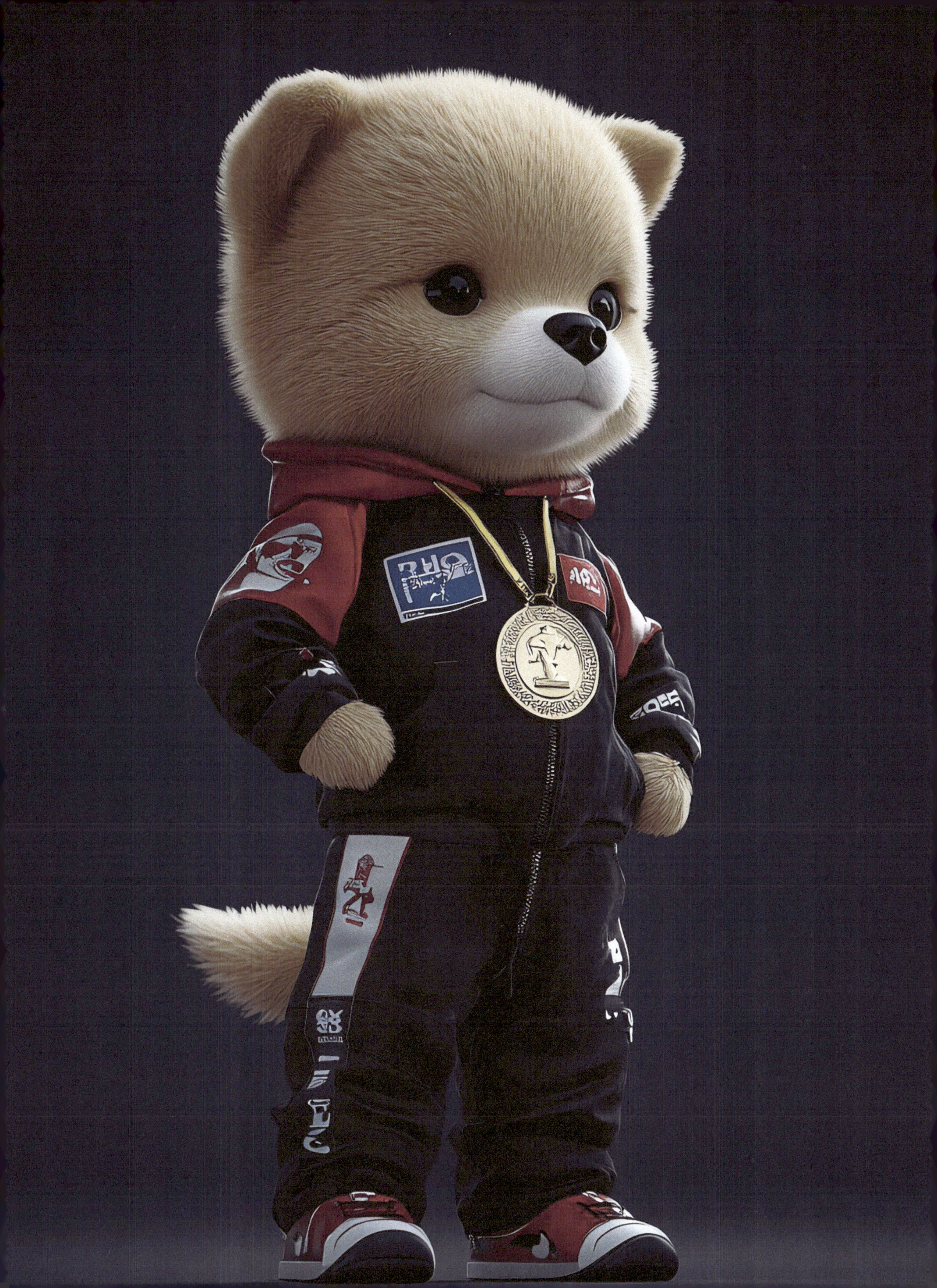

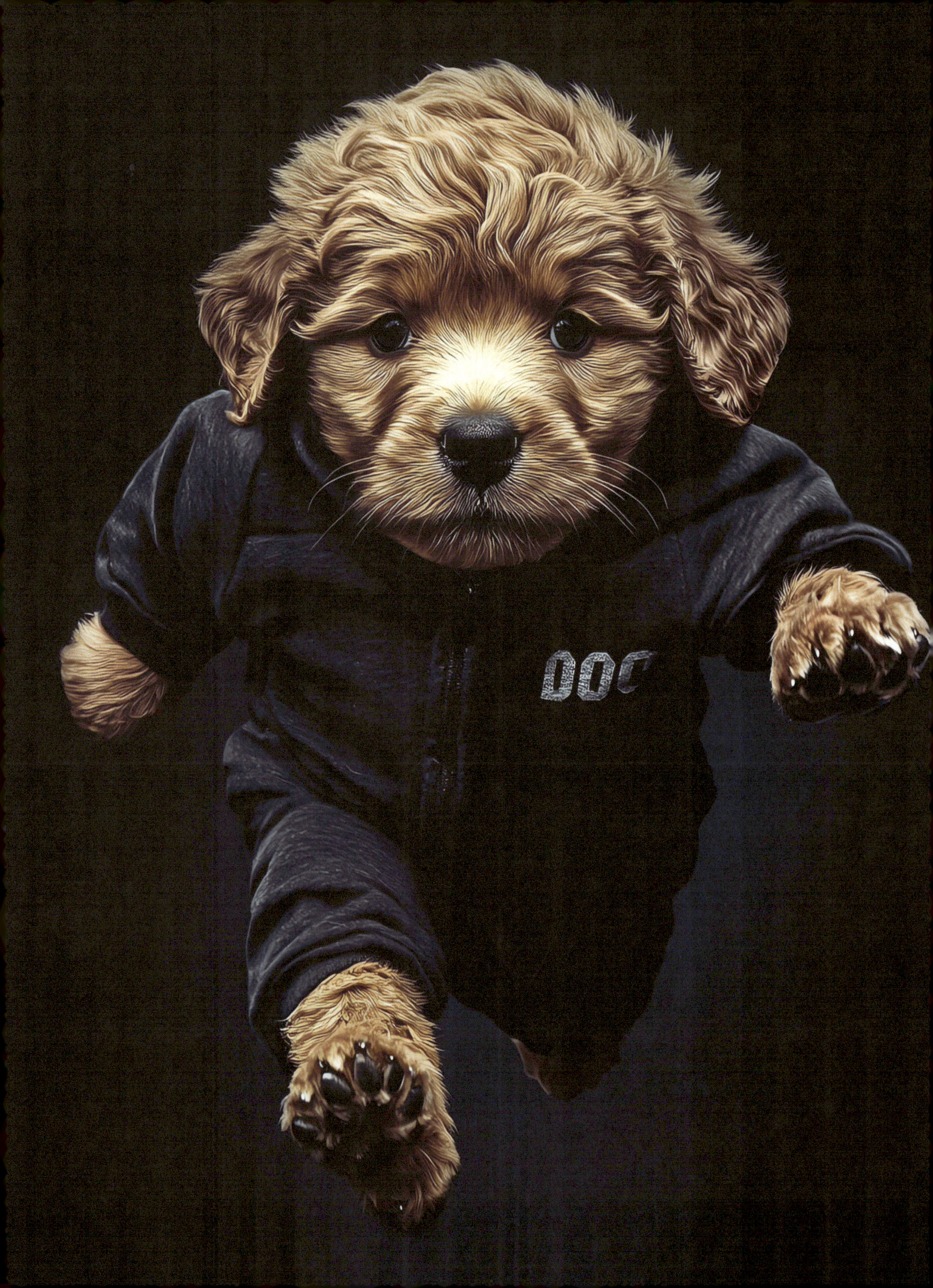

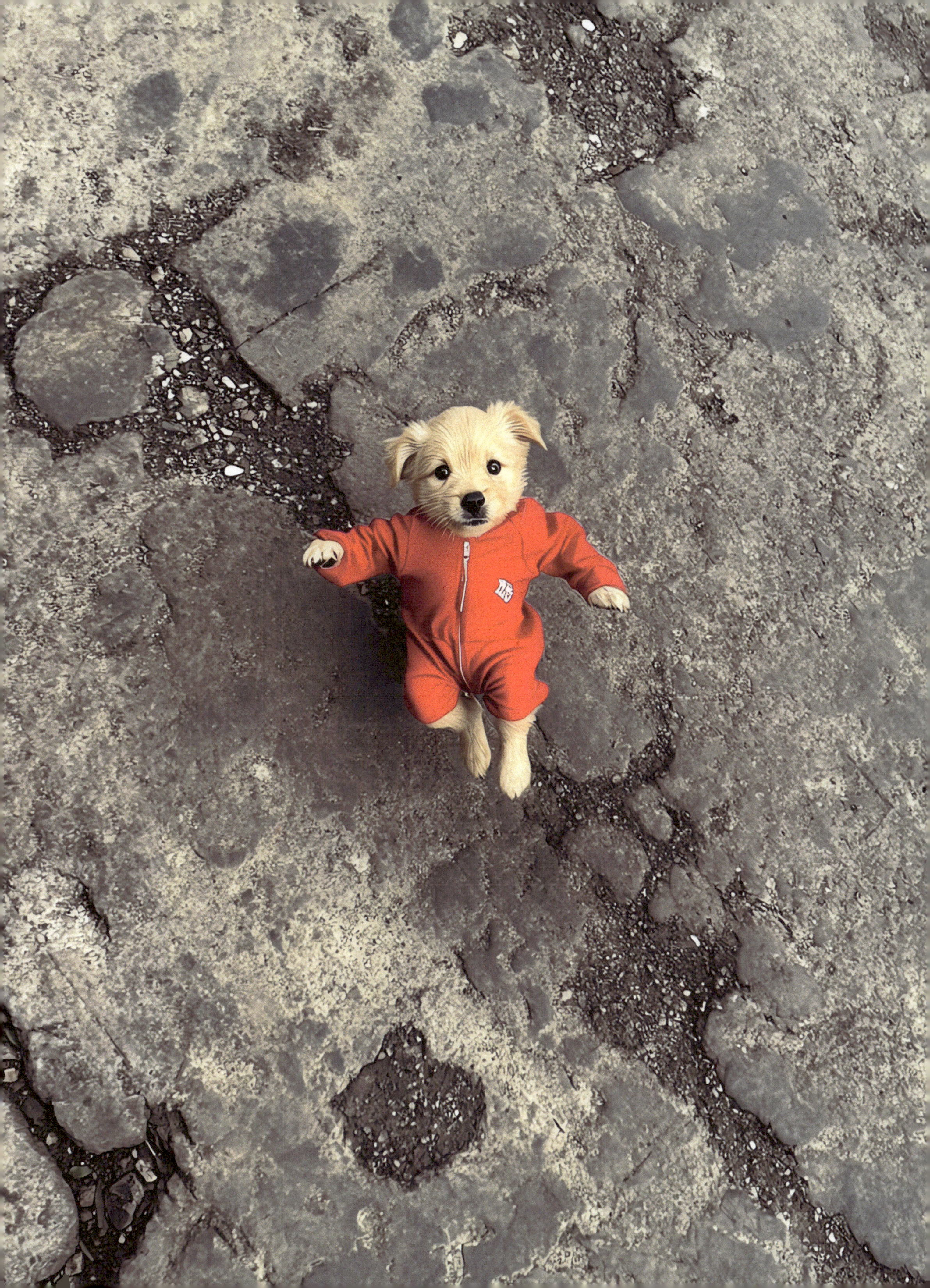

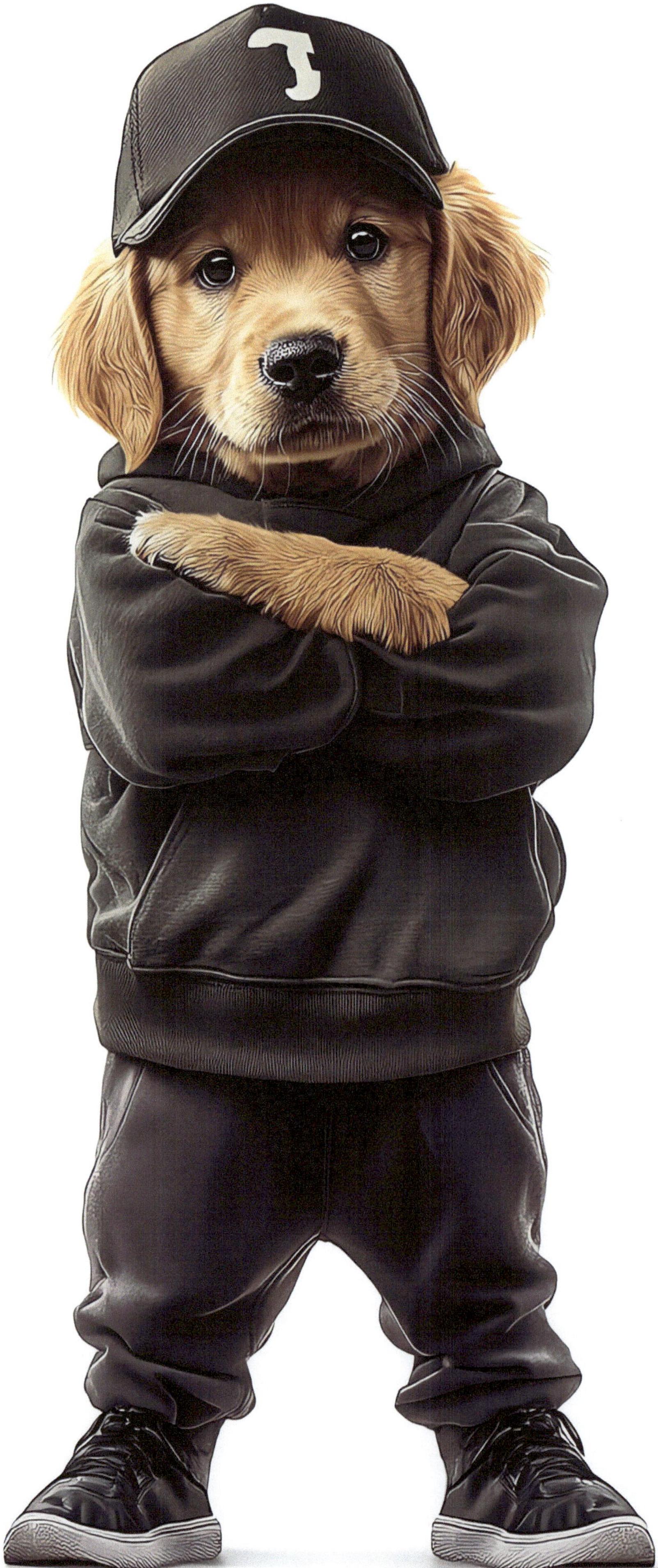

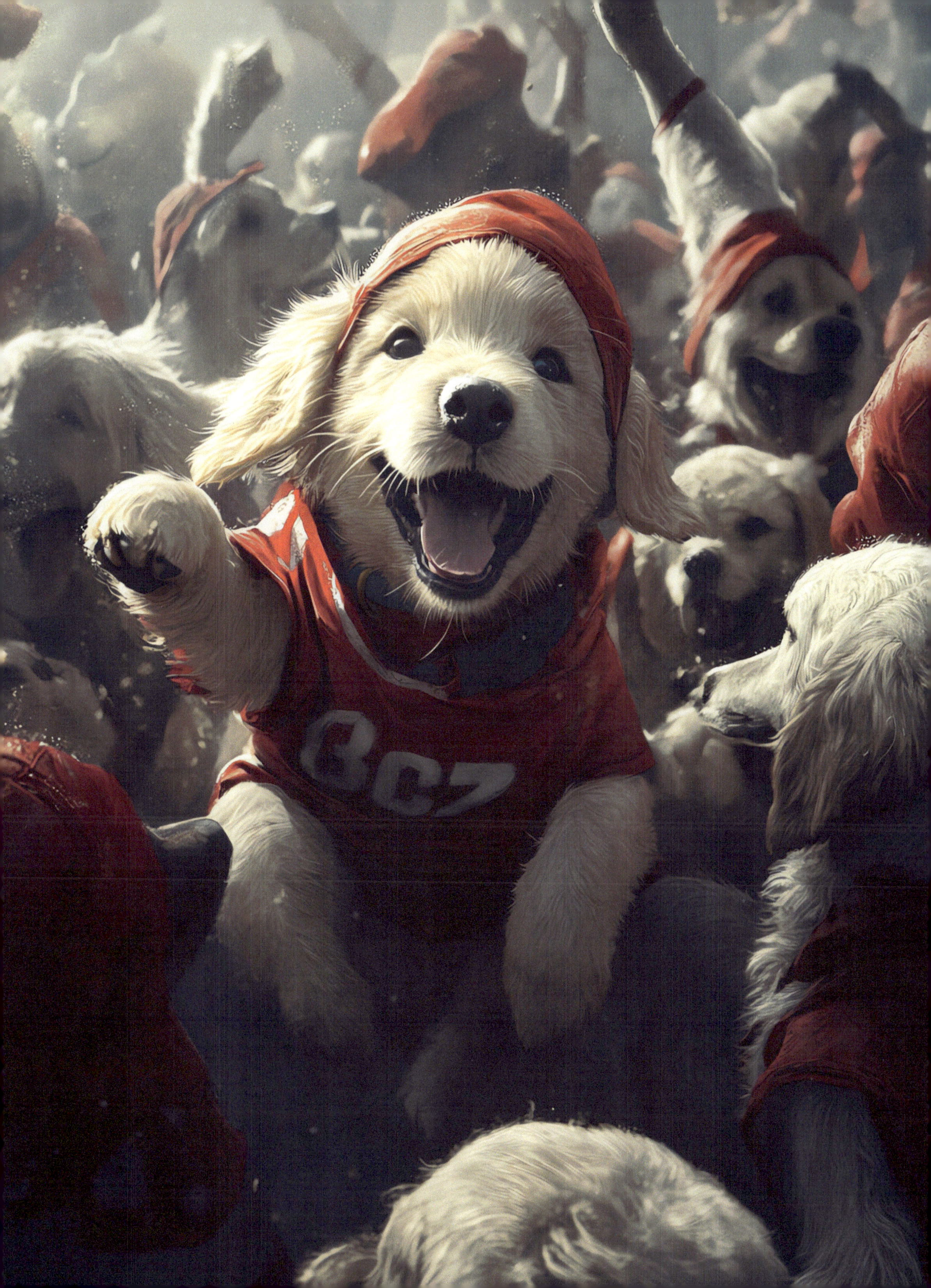

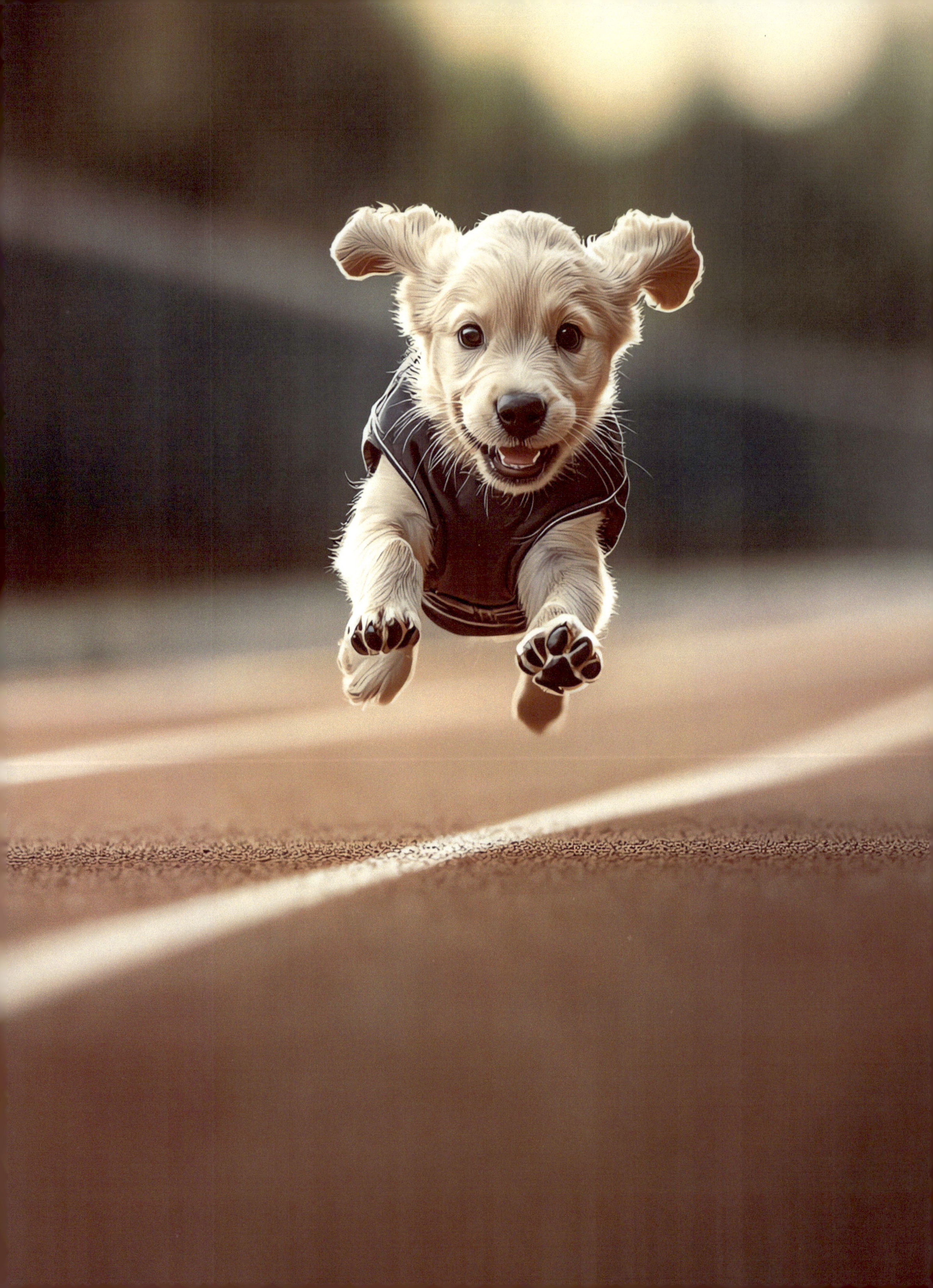

www.ingramcontent.com/pod-product-compliance
Lightning Source LLC
Chambersburg PA
CBHW040447220526
45473CB00004B/1549
* 9 7 9 8 3 0 1 8 1 6 5 1 2 *